ララチッタ
Bali

バリ島

ララチッタとはイタリア語の「街=La Citta」と、
軽快に旅を楽しむイメージをかさねた言葉です。
おこもりヴィラや癒されスパ、可愛いバリ雑貨、
パワースポット、絶景レストランなど…
大人女子が知りたい旅のテーマを集めました。

CONTENTS

マークの見かた

- Ｊ 日本語スタッフがいる
- Ｊ 日本語メニューがある
- Ｅ 英語スタッフがいる
- Ｅ 英語メニューがある
- Ｒ レストランがある
- Ｐ プールがある
- Ｆ フィットネス施設がある
- カード クレジットカードでの支払い不可

- ⊗ 交通
- ⊕ 住所
- ☎ 電話番号
- 開館時間、営業時間
- 休 休み
- 料 料金
- 予 予約が必要
- URL Webサイトアドレス

その他の注意事項

●この本に掲載した記事やデータは、2023年2月の取材、調査に基づいたものです。発行後に、料金、営業時間、定休日、メニュー等の営業内容が変更になることや、臨時休業等で利用できない場合があります。また、各種データを含めた掲載内容の正確性には万全を期しておりますが、おでかけの際には電話等で事前に確認・予約されることをお勧めいたします。なお、本書に掲載された内容による損害等は、弊社では補償いたしかねますので、予めご了承くださいますようお願いいたします。
●住所・通り名は現地語表記で表示しています。
●休みは基本的に定休日のみを表示し、年末年始やニュピ（→P135）など祝祭日は省略しています。
●料金は基本的に大人料金を掲載しています。また、料金の表示はすべて税抜きです。

事前にチェックしよう!

バリ島早わかり

海と森の自然、にぎやかな街の魅力が詰まったバリ島。
各エリアの特徴をしっかりつかんで、自分の好みに合った旅を計画しよう。

基本情報

国名：インドネシア共和国
州名：バリ州
人口：約432万人(バリ島)
面積：約5590㎢(バリ島)
時差：マイナス1時間
　　　(日本の正午はバリ島の午前11時)
通貨：ルピア(Rp.)。Rp.1万≒約87円
　　　(2023年4月現在)

南シナ海
LautanCina
Selatan

マレーシア
メダン
フィリピン
太平洋
Lautan Teduh
マレーシア
スマトラ島
カリマンタン
(ボルネオ)島
スラウェシ島
マルク諸島
西パプア州
インドネシア
バリ島
ジャワ島
インド洋
Lautan Hindia
ロンボク島
オーストラリア

バリ島
Pulau Bali

バリ州
Propinsi Bali

バリ島の流行発信地 1

❶ スミニャック〜クロボカン （→P24）
Seminyak〜Kerobokan

洗練されたレストランやカフェ、ナイトスポットが集中する最先端エリア。南国ファッションやバリ雑貨のおしゃれなブティックも多く、ショッピングの楽しみも満載。 MAP 別冊P10〜13

1：撮りたくなるかわいいお店がたくさん 2：話題のセレクトショップも

緑の大自然と伝統芸能の村

❷ ウブド （→P30）
Ubud

中部の山間にあり、棚田や渓谷の絶景が広がる。伝統芸能やアートも盛んで、独特のバリ文化にふれることができる。個性的なショップやカフェ、レストランも多い。 MAP 別冊P17〜19
1：バリ・ヒンドゥー寺院の精緻な彫刻にも注目 2：トゥガララ ンでは棚田を散策できる

ジャワ島
Pulau Jawa

N
0　　20km

インド洋
Lautan Hindia

バリ島随一の繁華街

1：サンセットタイムも楽しみ 2：サーフィンにも挑戦してみよう

❸ クタ〜レギャン （→P36）
Kuta〜Legian

昔ながらのビーチリゾートで、大小さまざまなホテルが立ち並ぶ。レストラン、食堂、バリ島らしいみやげ店、雑貨店などが連なり、通りはいつも観光客でいっぱい。 MAP 別冊P6〜9

高級リゾートホテルが集中

❺ ヌサドゥア （→P40）
Nusa Dua

有名ホテルが集まるリゾートタウン。エリア入口にゲートがあり、観光客と関係車両以外の立ち入りが制限されている。北側のタンジュン・ブノア地区はマリンスポーツが盛ん。
MAP 別冊P15

1：ヌサドゥアの人気ショッピングスポット、バリ・コレクション 2：海を望むリゾートで優雅な時間を

静かな雰囲気の穴場リゾート

❹ サヌール （→P41）
Sanur

静かな大人のリゾートとしてシニア層や長期滞在の欧米人に人気がある。ビーチ沿いの遊歩道を中心に落ち着いた雰囲気のカフェやレストラン、ショップが立ち並ぶ。
MAP 別冊P16

1：海辺のグルメスポットが充実 2：静かなビーチをのんびり散策するのもおすすめ

空港近くの便利なリゾートエリア

❻ ジンバラン
Jimbaran

高級リゾートが点在。昔ながらの漁村の雰囲気も残り、ビーチ沿いでシーフードBBQが楽しめるイカン・バカール（→P59）も大人気。
MAP 別冊P14

1：シーフードBBQを楽しめるイカン・バカールへも行ってみよう 2：夕日を眺めながらの食事も楽しみ

地図

ブヤン湖
Danau Buyan

バトゥール山
G. Batur
▲1717

ブラタン湖
Danau Bratan

バトゥール湖
Danau Batur

▲3142
アグン山
G.Agun

バリ島東部

❷

デンパサール

バドゥン海峡
Selat Badung

❶
❸
❻　❺
❼

❹

ペニダ島
Nusa Penida

1：手つかずの自然も魅力 2：リゾートで特別なひと時を

デンパサール （→P42）
Denpasar

バリ州の州都。経済や行政の中心で活気あふれるバリ島一の都会。観光地とは違った市場などを楽しめる。 MAP P42

バリ島東部 （→P44）
Eastern Bali

聖峰アグン山のブサキ寺院（→P96）などパワースポットが点在。車をチャーターして田舎の暮らしをのぞきながら、伝統工芸の村を巡るのが楽しい。 MAP 別冊P3

雄大な自然が残るリゾート

❼ ウルワツ～ウンガサン
Uluwatu～Ungasan

断崖絶壁の迫力ある自然景観を背景に、隠れ家風の最高級リゾートホテルが点在するエリア。一帯に繁華街はなく、移動はリゾートの送迎サービスなどを利用する。
MAP 別冊P4A4～B4

バリ島を楽しみつくす!

3泊5日王道モデルプラン

リゾートで優雅にのんびり過ごすのも素敵だけど、観光、グルメ、ショッピングなど、
楽しみがいっぱいなのがバリ島。王道プランをベースに、自分の好みに旅をアレンジしよう!

DAY1
初日はのんびり♪
リゾートでディナー

(17:40)
バリ島到着

ADVICE!
バリ島の空の玄関口はングラ・ライ(デンパサール)国際空港。

優雅な雰囲気のなかで絶品料理を楽しめる

(19:00)
ヌサドゥアのリゾートホテルにチェックイン

(20:00)
リゾートのダイニングでお洒落なディナー
オススメ▶コラル・レストラン(→P54)

DAY2
南国の海を満喫
ビーチ遊び&絶景ディナー

(8:00)
ホテルで朝食

ビュッフェやアラカルトなどホテルによってスタイルはいろいろ

↓ 車で約20分

(10:00)
タンジュン・ブノアでマリンスポーツにトライ!
オススメ▶ビーエムアール(→P92)

↓ 車で約40分

オベロイ通り周辺のショップで南国テイストなウエアを現地調達

(12:00)
バリ料理のランチ
オススメ▶マデス・ワルン2(→P51)

↓ 徒歩で約15分

アレンジプラン
宿泊ホテルのプールやプライベートビーチでのんびり過ごすのもオススメ!

(13:30)
リゾートファッションをチェック
オススメ▶ブスピタ(→P65)

↓ 車で約10分

(15:00)
インスタカフェでスイーツ&PHOTO
オススメ▶カインド・コミュニティ(→P28)

↓ 車で約20分

スミニャックにはSNS映えするカフェがたくさん!

(18:00)
サンセットディナー
オススメ▶モッツァレラ・バイ・ザ・シー(→P39)

インド洋に沈む夕日の眺めがサイコー!

アレンジプラン
ウルワツ寺院(→P101)でケチャッダンス鑑賞。夕食付きのオプショナルツアーもある。

DAY3
早起きして
ライステラス＆ウブド散策

ADVICE!
ウブドへはチャーターカーの利用が便利。人数が多ければ意外とお得に！

8:30
ウブドへ出発！
↓ 車で約2時間

11:00
棚田ビューで気分爽快♪
オススメ▶トゥガララン(→P91)
↓ 車で約2分

見渡す限りのグリーンビューが気持ちいい〜

←天然由来の成分を用いた石けんはおみやげにぴったり

→アタ製品は小物入れやバッグなど種類豊富

12:00
森のレストランでランチ
オススメ▶チャリック・テラス(→P34)
↓ 車で約20分

緑深い渓谷を眺めながらの食事はウブドならでは

14:00
バリ雑貨＆ナチュラルコスメ探し
オススメ▶アシタバ(→P66)
オススメ▶コウ(→P69)
↓ 徒歩で約10分

妖艶な舞いに思わず見入ってしまいそう

17:30
オーガニックカフェで夜ごはん
オススメ▶アットマン・カフェ(→P61)
↓ 徒歩で約10分

ウブドにはオーガニック素材を使ったメニューを味わえるカフェが多い

アレンジプラン
カフェ・ロータス(→P57)なら食事を楽しみながらバリ舞踊を鑑賞できる。

19:00
バリ伝統舞踊を鑑賞
オススメ▶サレン・アグン宮殿(→P100)
3日目のホテルはウブドでもOK

DAY4
夜便だから時間もたくさん
おみやげ探し＆癒しのスパ

10:00
ホテルをチェックアウト
↓ 車で約20分

スーパーならお菓子もプチプラコスメもまとめ買いOK

10:30
スーパーでバラマキみやげをGET
オススメ▶ハイパーマート(→P76)
↓ 車で約10分

最後は本場の地元ごはんで

12:30
インドネシア料理のランチ
オススメ▶バッ・マレン(→P50)
↓ 車で約30分

ADVICE!
クタ、スミニャック、ジンバラン、ヌサドゥア、サヌールの宿泊で、長時間コースを予約した場合、スパは送迎無料の場合が多い。

アレンジプラン
スパに行かない場合は買物をしたり、タナ・ロット寺院(→P100)でサンセットを眺めてから食事をし、ホテルで荷物をピックアップして空港へ向かうのもおすすめ。

15:00
ホテルに戻って荷物をピックアップ
↓ 送迎車で約25分

食事付きプランなら夕食の心配もなし！

16:00
スパで旅の疲れをリフレッシュ
オススメ▶テタ・スパ・バイ・ザ・シー(→P79)
↓ 送迎車で約15分

20:30
空港へ 日本到着は翌朝

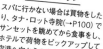

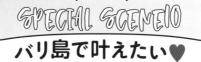

SPECIAL SCENE 10

バリ島で叶えたい♥

とっておきシーン10

バリ島で絶対に体験したい10のシーン！
グリーンビューが美しいライステラスや優雅なリゾートステイ、朝ヨガや癒しのスパなど、
女子の望みと憧れを叶えてくれる、バリ島の魅力を紹介します！

SCENE

1

P90・91
参照

素朴な原風景に癒される
見渡す限りの緑の世界

ライステラス

ライステラスとは階段状に広がる田んぼのこと。稲作が
盛んなバリ島では山や丘を切り開いて作られたライステ
ラスがいたるところで見られる。稲を植えた水田や青々
とした稲が育った時期がきれいだが、バリ島は二〜三期
作で、しかも場所によって田植えや収穫時期もさまざま。
どんな風景に出会えるかは行ってみてのお楽しみ♪

世界遺産の
ジャティルウィ
（→P90）へは
ツアー利用が便利！

トゥガララン（→P91）の
ライステラス周辺には
眺めのいいカフェも
いっぱい！

バリ独特の
スバック・システム
に注目！

星のやバリ(→P16)の
カフェ・ガゼボで
森ビューを満喫

デッキチェアに
寝転んで
海の眺めを
楽しんで

アヤナ・リゾート＆スパ・バリ(→P14)のプール

SCENE
2
P14〜22
参照

夢のような空間に
気分もup！
リゾートステイ

伝統衣装を身に
まとったスタッフが
バリ流スタイルで
お出迎え

天蓋付きのベッドで
お姫さま気分♪

オーシャンビューや緑に包まれた森の中のリゾート、専用プール付きのヴィラなど、バリ島には自然と一体となれたり、贅沢な気分を満喫できたりと、旅の気分を盛り上げてくれるリゾートがたくさん。買物や観光もいいけど、たまにはリゾートでゆったり過ごしてみるのもいい。

上・右：ザ・ロイヤル・ピタ・マハ(→P17)

SCENE 3 P95参照

大自然に身をゆだね
爽快な目覚め
朝ヨガ

世界中からヨギーニが集まるバリ島は、自然の中で朝の澄んだ空気を感じながらヨガができるのが魅力。ヨガクラスのあるリゾートも多く、ヘルシーメニューと合わせて楽しむ人も増加中。

SUPヨガも
人気上昇中！

> 早朝の空気が
> 気持ちいい

バグース・ジャティー・ヘルス
＆ウェルビーイング・リトリート
（→P109）での朝ヨガ体験

SCENE 4 P78〜85参照

心も解きほぐす
癒し体験
極楽スパ

海の目の前や森の中など、自然を感じながらトリートメントが受けられるのは南国リゾートのバリ島だからこそ。ボレやルルールなどの伝統メニューから西洋の技術を取り入れたものまでバラエティ豊か。

> カベリ・スパ
> （→P82）で
> 心も体も癒されて

ロイヤル・キラーナ
（→P80）の
渓谷ビュー

お肌に優しい
自然由来の
プロダクト

SCENE
5
P96~97
参照

神秘の島の
パワーを感じる
スピリチュアルスポット

バリ・ヒンドゥー教の神々を祭る寺院
や史跡などは、昔から地元の人々が
大切にしてきた神聖なパワースポッ
ト。沐浴を体験したり、独特の寺院
建築にふれたり、スピリチュアルな雰
囲気を感じてみよう。

11層のメルが立つ
タマン・アユン寺院
(→P102)

沐浴体験で
聖水を浴びて
心身を浄化

断崖絶壁に立つウル
ワツ寺院(→P101)

ラフティング
(→P95)で
爽快感と
スリルを満喫

SCENE
7
P28.61
参照

迷わず撮りたい!
メニューがずらり
SNS映えカフェ

最旬エリアのスミニャ
ック~クロボカンには
SNS映えするメニュー
が揃うカフェがたくさ
ん。インテリアも写真
映えする雰囲気で、思
わず"かわいい"を連呼
すること間違いなし!

SCENE
6
P92~95
参照

海も山も森も
遊びつくす!
アクティビティ

パラセーリングやサーフィンなどのマリンスポー
ツから、急流を下るラフティング、高原サイクリン
グまで、島ならではの自然を思いっきり満喫でき
るアクティビティがいっぱい。

メッセージ付き
アイスクリームも!

フォトジェニックで
人気なカインド・コ
ミュニティ(→P28)

店内の
フォトポイントで
渾身の1枚を♡

ジンバラン・ビーチ・カフェ（→P49）で
イカン・バカール体験を！

海を望む
窓辺の特等席で
最高の思い出を

SCENE
8
P46～49
参照

うっとりするような
眺めもごちそう
絶景ダイニング

オーシャンビューやライステラスの眺めなど、バリらしい景色と食事を楽しめる絶景ダイニングは特別なひと時を演出してくれる。ランチはもちろん、海辺のレストランならサンセットタイムに訪れてみても！

シックス・センシズ・ウルワツ（→P19）のザ・クリフ・バー

SCENE
9
P66～70
参照

伝統ものから
今ドキまで
物欲が止まらない！
バリ雑貨

アタ製品やバティック、陶器などの伝統雑貨はもちろん、洗練されたデザインのインテリア雑貨やキッチン小物なども増加中。花やフルーツをモチーフにするなど南国テイスト満載のものはおみやげにもぴったり。

バリを代表する
陶器ブランド、
ジェンガラ・ケラミック
（→P70）

SCENE
10
P98・99
参照

神秘と幻想の
舞いは必見！
バリ舞踊

音楽と踊りで物語を表現するバリ舞踊。レゴン、バロン、ケチャッなどがその代表で、妖艶な踊り子の舞い、時に激しい立ち回りなどがみどころ（→P98）。毎晩のようにショーが開催されるウブドでの鑑賞がおすすめ。

目や手足の動き、
衣装にも
注目！

憧れの楽園リゾート

—— Bali Resort Hotel ——

いま泊まりたい！

話題のリゾートホテルが続々と誕生しているバリ島。
アコガレのワンシーンを実現できる注目のリゾートを一挙紹介！

広大な海に臨むリゾートで
理想のバカンスを満喫

ジンバラン

アヤナ エステート
AYANA Estate

オーシャンフロント・
ヴィラのツインルーム

インド洋を望む90haの広々とした敷地を有
する、バリ島を代表するリゾート。熱帯植物
が生い茂る敷地に「アヤナ リゾート バリ」、
「アヤナ ヴィラズ バリ」、「アヤナセガラ バ
リ」、「リンバbyアヤナ バリ」の4つのリゾー
トがある。

MAP 別冊P14A4 ⊗空港から車で30分 ⊕Jl. Karang
Mas Sejahtera, Jimbaran ☎0361-702222 ㊙リゾー
トビュー（アヤナ リゾート バリ）US$450〜 客室数 す
べて合わせて972室 J B R P F

オーシャンビーチプールからは海が
眺められる。

インド洋に沈む夕日を
眺めながら乾杯♪

Sunset

アコガレ体験

海に向かってせり出すように造られた「ロックバー（→P49）」は人気のサンセットスポット。カクテルを楽しみながら優雅な時間を。

カクテルと
一緒に軽めの
おつまみも！

トップデッキは宿泊者限定

アコガレ体験

断崖絶壁に立つシーフードレストラン「キシック・シーフード・バー&グリル（→P48）」。ショーケースに並ぶ新鮮な魚介を見て、焼く・蒸すなどの調理法を選べる。

海ビューを
楽しみながら
シーフードに舌鼓

インド洋が
目の前に広がる
テーブル席が最高！

1：蒸しただけのシンプルなカニの旨みを味わえるマッド・クラブ **2**：エビやイカ、魚を串にさしてグリル

アコガレ体験

絶壁に立つ「スパ・オン・ザ・ロック」は1日6組限定。目の前に広がるのは海だけという特別感がうれしい。

波音が心地よい絶景スパで
心身ともにリフレッシュ

トリートメントは
自然由来の素材で
作ったオイルなどを使用

1：プライベート感あふれるスパルーム **2**：スパルームへは長い階段を下りていく

小さな集落を訪れたような
癒しとくつろぎの時間

360。森に囲まれた非日常空間

星のやバリ
HOSHINOYA Bali

完全なるプライベートを重視する造りと一線を
画し、さりげなく人の気配を感じるセミプライ
ベート感が新鮮で心地よい。渓谷を見下ろす
開放的なダイニングでバリ料理を味わったり、
森に抱かれたスパでバリニーズマッサージを
満喫したり、リゾート内でたっぷり楽しみたい。

MAP 別冊P3C3 ✈空港から車で1時間30分
🏠Br. Pengembungan, Desa Pejeng Kangin Kecamatan
Tampaksiring, Gianyar
☎050-3134-8091（日本 星のや 総合予約）㊙ヴィラ・プ
ランRp.980万〜 客室数 30室 J E R P

森に浮かぶガゼボで
優雅なステイを

アコガレ体験
周りを緑に囲まれた「カ
フェ・ガゼボ」で朝食を
楽しめる。ソファに身を
ゆだねて時を過ごせば
日常からエスケープ！

1：トロピカルフルーツもたっぷり♡ 2：まるでウブ
ドの森に浮かんでいるような「カフェ・ガゼボ」

エントランスには
職人による石の
カービングが

1：朝日を浴びながらサ
ンライズヨガ体験 2：
開放感たっぷりのプー
ルは全長70m

川をイメージした
プールでのんびり過ごす

アコガレ体験
自然の中を流れる川をイ
メージしたロングプール
は全客室から24時間ア
クセス可能。水辺にはラ
ウンジやガゼボがありの
んびりくつろげる。

ザ・ロイヤル・ピタ・マハ
The Royal Pita Maha

アユン川の渓谷を目の前にする広大な敷地内にバリ様式のヴィラが点在。門や回廊など、館内の至るところに重厚な砂岩彫刻が施されるなど、豪華な王宮風の装飾が見事だ。4タイプのヴィラはすべてプライベートプール付きのぜいたくな造り。

MAP 別冊P17A2 ⊗空港から車で1時間30分
⊕Desa Kedewatan ☎0361-980022 ㊣デラックスプールヴィラRp.650万〜、ロイヤルプールヴィラRp.775万〜 客室数75室 ⓙⒺⓇⓅ

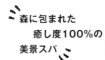

お肌が喜ぶ天然素材を使用

森に包まれた癒し度100%の美景スパ

1

アコガレ体験

渓谷の大自然に囲まれたスパ専用のヴィラが点在する「ロイヤル・キラーナ（→P80）」。ボディ、フェイシャルはもちろん、ヨガクラスも。

2

1：トリートメント後は専用プールでリラックス 2：トリートメントルームは広々

渓谷を見渡すプールヴィラ。アユン川のほとりに立つヒーリングヴィラも人気

おいしい料理で気分もアップ！

カラダに優しい料理を素敵な眺めと一緒に

アコガレ体験

川のほとりにある「アユン・ガーデンレストラン」では自家栽培のオーガニック野菜を使った料理を堪能できる。

パワーの強い聖なる土地にある

Green View

森の息吹を感じる気品に満ちたリゾート

Relaxing

緑に囲まれた
癒しのウェルネスリゾート

水田を見渡すカバナ
併設のプールで食事も
できそうだ

1

ジーダス・バリ・
ヘルス&ウェルネス・リゾート
Gdas Bali Health & Wellness Resort

古代バリの伝統技術と現代療法をかけ合わせた、ハイブリッドなウェルネスリゾート。ヨガスタジオ、サウナ、ヴィーガンレストランなど健康志向の施設が充実。洗腸など健康療法に特化したクリニックが2023年内にオープン予定。

MAP 別冊P3C3 ✈ 空港から車で1時間15分
🏠 Jl. Cempaka Mas, Ubud ☎ 0361-9083131
💰 プレステージプールヴィラガーデンビュー
Rp.1142万〜 客室数 27室 Ⓑ Ⓡ Ⓟ Ⓕ

1：ウブドの緑豊かな田園風景が見渡せる 2：インテリアには伝統的な織物や木彫りを使用

モーニング・ヨガ・レッスンから1日をスタート！

一面の緑に囲まれた開放的な空間

絶品のヘルシー
メニューが充実

アコガレ体験

「タンギ・レストラン」は全てがヴィーガンメニュー。ホテルシェフが腕をふるう多国籍料理が味わえる。

1：トロピカルな雰囲気のダイニングホール 2：ナチョ・チップ&ディップスはアボカドやホットソースにつけて

バンブー建築が美しい「ヨガ・シャラ」

アコガレ体験

施設には2つのヨガスタジオがある。「ホットヨガスタジオ」はデトックス効果抜群でストレス解消も期待できる。

シックス・センシズ・ウルワツ
Six Senses Uluwatu

世界中でホテルやスパを展開する自然派高級リゾート。インド洋を望む断崖絶壁の上に立ち、客室はすべてヴィラ＆スイート。大自然の中で、ゆったりと非日常にひたることができる。全10室のスパルームやヨガパビリオンなどの施設も充実。

MAP 別冊P4B4 ✈空港から車で50分 ⊕Jl. Goa Lempeh, Pecatu, Kuta Selatan Kabupaten Badung ☎0361-2090300 ㊾スカイスイート Rp.1362万～ 客室数 103室

J E R P F

アジア＆欧風メニューの
アフタヌーンティー

> **アコガレ体験**
> 朝食と夕食を提供するレストラン「ロッカ」では、アフタヌーンティーが楽しめる。

かごのような三段トレイがかわいい♡

ひとロサイズのフード＆スイーツがおいしい！

インド洋を一望できるメインプール

**クリフトップに広がる
ナチュラルリゾート**

Ocean View

1：海を見下ろすヴィラは64室 **2**：バリ伝統の建築をベースにした居心地のよいヴィラ **3**：バスタイムは各部屋に置かれたバスソルトでリフレッシュ

> **アコガレ体験**
> 断崖に立つ「ザ・クリフ・バー」は最高の眺めのとともに、サンドイッチや寿司など、バラエティに富んだフードを味わえる。

**インド洋の
大パノラマが
目の前に！**

1：ドリンクメニューも充実 **2**：テラス席に吹き抜ける潮風が心地よい

Luxuary

伝統様式のヴィラで
和やかな楽園バカンス

［ジンバラン］

フォーシーズンズ・リゾート・バリ・アット・ジンバラン・ベイ

Four Seasons Resort Bali at Jimbaran Bay

ジンバラン湾を見下ろすなだらかな丘にヴィラが点在。すべてのヴィラにプライベートプールとサンデッキが付いているほか、陶製のバスタブや天蓋付きのベッドなど調度品もハイセンス。サービスもきめ細やか。

MAP 別冊P14A4 ⊗空港から車で20分 ㋑Jimbaran, Denpasar ☎ 0361-701010 ㋺ガーデンヴィラRp.1311万～、ジンバランベイヴィラRp.1602万～
客室数 147室 J E R P F

1：オーシャンフロントのプール **2**：2ベッドルーム・プレミア・オーシャンヴィラのリビング

瞑想やヨガのコーブ

海を見渡す
パノラママリンビュー

新鮮シーフードに
大満足！！

アコガレ体験
個性的なダイニングが揃うなかで「タマン・ワンティラン」はシェフが調理する様子を目の前で見られるのが魅力。シーフードメニューは特におすすめ！

ビーチに面した「スンダラ」からの眺めはバツグン！

アコガレ体験
海辺にある「ヒーリング・ヴィレッジ・スパ」ではバリ伝統の技術と自然の恵みを生かしたトリートメントが受けられる。

効能ごとに選べるマッサージオイルも

自然に身をゆだねて
リラックスステイ

1：遠くにインド洋を望む絶好のロケーション 2：客室は木をふんだんに使ったインテリアで落ち着いた雰囲気 3：スパではブラウンシュガーなどスクラブに使用する素材を選べる

ウルワツ

ラディソン・ブル・バリ・ウルワツ

Radisson Blu Bali Uluwatu

世界的なホテルブランドのリゾート。インド洋に面したロビーラウンジからは、美しいサンセットを一望できる。広々としたプールやフィットネスセンター、スパなどの施設も充実していて、リゾートステイを心ゆくまで満喫できる。

MAP 別冊P4A4 ⊗空港から車で50分 ⊕Jl. Pemutih Labuan Sait, Uluwatu ☎0361-3008888 ⊕デラックスルームRp.392万～ 客室数 125室 ⓔⓇⓅⒻ

朝食はレストランのブッフェスタイル。追加料金でアラカルトもオーダーOK

タパス充実の眺めのいいバー

アコガレ体験
ロビーのすぐそばにある「ルックアウト・ラウンジバー」でアジアンテイストのタパスを満喫。店内からはインド洋やリゾート全体を眺められる。

ソファ席もありゆったりくつろげる

ヌサドゥア

ザ・ムリア、ムリア リゾート＆ヴィラス-ヌサドゥア バリ

The Mulia, Mulia Resort & Villas Nusa Dua Bali

約30haの広大な敷地内に「ザ・ムリア」「ムリア リゾート」「ムリア ヴィラス」と3つのリゾートホテルが隣接。なかでも「ザ・ムリア」は最もハイレベルなセクションで、24時間対応するバトラーサービス付き。

MAP 別冊P15B4 ⊗空港から車で30分 ⊕Jl. Raya Nusa Dua Selatan,Kawasan Sawangan, Nusa Dua ☎0361-3027777 ⊕ムリアグレンジャーRp.441万～ 客室数 ザ・ムリア111室、ムリア リゾート526室、ムリア ヴィラス108室 ⓔⓇⓅⒻ

3つのホテルが集まった
ラグジュアリーリゾート

Paradise

海と一体化したようなザ・ムリアのプールは宿泊者のみ利用できる

青い海とのコントラストが美しい白砂のビーチ

トリートメント前のひんやりサウナが話題

アコガレ体験
「ムリア・スパ」では氷が積まれた冷サウナ（アイスルーム）やバブルプールなど、マッサージだけではなくプラスアルファでさまざま体験ができる。

パールのスクラブは美白効果も！

伝統と現代が調和した
やすらぎのリゾート

1:客室には竹や安山岩、チーク材などバリ島産の素材を使用 2:ビーチフロントのプールからはアグン山やペニダ島が望める 3:緑に囲まれた開放的なバスルーム

サヌール

アンダーズ・バリ
Andaz Bali

インドネシア初のアンダーズがサヌールのビーチ沿いにオープン。バリ島の伝統ある村とモダンの調和がコンセプト。まるでバリの村に滞在しているかのような洗練されたリゾート空間が演出される。

MAP 別冊 P16B3 ⊗空港から車で30分 ⊕ Jl. Danau Tamblingan 89a, Sanur ☎ 0361-3201234 料1キングベッドデラックスUS$270〜
客室数149室 J E R P F

アコガレ体験
レストラン「ウォック・ウォック」はエレガントな空間。インドネシアならではの家庭料理が楽しめる。

新鮮な食材を使用した
バリ料理も！

1:木彫りのインテリアが揃う洗練された空間 2:バリ島の伝統料理ラワーム・アヤムなどが味わえる

ヌサドゥア

ジ アプルヴァ ケンピンスキ バリ
The Apurva Kempinski BALI

海へ滑り込むように客室を配したデザインが印象的な大型リゾート。現代のバリ島文化に影響を与えたといわれるマジャパヒト王朝の宮殿をイメージしたロビーや、客室から見渡すガーデンやインド洋の眺めは格別。

MAP 別冊 P5C4 ⊗空港から車で30分 ⊕ Jl. Raya Nusa Dua Selatan, Sawangan, Nusa Dua ☎ 0361-2092288 料グランド・デラックスルームRp.425万〜
客室数475室 J E R P F

プールに浮かぶ
ダイニング

アコガレ体験
メインプールの中央に浮かぶ「バラ・レストラン」。朝食ビュッフェではホットケーキや卵料理などを目の前で調理してもらえる。

クッキング
コーナーが
たくさん

インドネシア料理のほか、インターナショナルなメニューが充実

ヌサドゥアの丘に広がる
モダンリゾート

1:斜面に沿って建てられたデザインはブサキ寺院がモデル 2:斜面に突き出したようなクリフ・スイート・ルーム

Topic 1

エリアガイド

Area Guide

バリ島の魅力は訪れる場所ごとに

さまざまな楽しみ方ができるところ。

主要7エリア+バリ島東部をご案内します！

スミニャック〜クロボカン

Seminyak~Kerobokan

MAP 別冊P4B1

バリ島南部きってのおしゃれスポット。メインストリートであるラヤ・スミニャック通りやオベロイ通りには、洗練されたブティックや個性的な雑貨店、話題のレストランなどが集まり、地元の人だけでなく多くの旅行者が集まる。ファッションアイテムを探してショップめぐりをしたり、コロニアル調のカフェでお茶したり、ブラブラと町歩きを満喫したい。サンセットタイムはスミニャック・ビーチに面するレストランで、水平線に沈む夕陽を眺めながらお酒を楽しむのもおすすめ。

スミニャック〜クロボカンでやりたいこと BEST3

1. 高感度SHOPでお買い物
2. サンセットバーでカクテル
3. 話題のグルメスポットへ

バリ島 Pulau Bali

ウブド
スミニャック〜クロボカン・デンパサール
ジャワ島 クター・レギャン
インド洋 Lautan Hindia
ペニダ島

ACCESS

タクシーでアクセスする場合は、ディアナ・プラ通り交差点(別冊P11C2)で降ろしてもらい、北上して歩くのがよい。エリア内は徒歩でOK。町のはずれに行きたい店がある場合はタクシーを使うのが便利だが、ラヤ・スミニャック通りは昼夜問わず渋滞している。

1 メインストリートのオベロイ通りの店は9〜10時にオープンする 2 お部屋の模様替えをしたくなる、センスのいいインテリアの店も多い 3 レストランやバーは深夜まで営業し、賑やかな雰囲気 4 海沿いのレストランでサンセットを楽しむ 5 流行の先端を行くファッションの店が多い 6 午後の気温が高い時間帯はおしゃれなカフェでひと休み 7 地元の人々や旅行者で一日中賑わうエリア

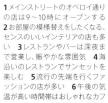

Bestプラン

バリ島の最旬エリアで"カワイイ"を見つける！

🕙 10:00
ディアナ・プラ通りから
バサンカサ通りで、雑貨選び
アシタバ→P68…Ⓐ

アタのカゴバッグは定番

徒歩13分

ショップが軒を連ねるメインストリートで、バリ島らしいアイテムをゲット

🕙 11:00
オベロイ通りで
リゾートファッションを
お買い上げ
ミア・バリ→P72…Ⓑ

徒歩5分

🕧 12:30
インドネシア料理
ダイニングでランチ
サンバル・シュリンプ→P56…Ⓒ

エビづくしの豪華メニューに舌鼓

🕑 14:00
雑貨店で
自分みやげ探し
カルガ→P26…Ⓓ

センスのよい雑貨は、自分用のおみやげに

徒歩25分

🕔 17:00
海沿いサンセットバーへ！
ポテトヘッド・ビーチクラブ→P53…Ⓔ
クーデター→P53…Ⓕ
ブリーズ・アット・ザ・サマヤ→P48…Ⓖ

徒歩20分

サンセットを楽しめる海辺のレストランやバーは混雑するので早めに

Ⓓ カルガP26

Wバリ・スミニャック Ⓗ

クロボカン

ポテトヘッド・ビーチクラブ P53 Ⓔ

スタイリッシュなヴィラが多いエリア。街の中心にも近くて便利

ブリーズ・アット・ザ・サマヤ P48 Ⓖ

ジェネバ・ハンディクラフト・センター

サマヤ Ⓗ

主な通りが交差する街歩きの起点。車やバイクなど交通量が多い

Bidadari

スミニャック・スクエア

カフェ・バリ

オベロイ通り交差点

ディシニ・スパ

海沿いにはレストランやホテルが多い。サンセットタイムは絶景

ザ・レギャン Ⓗ

クロボカンのメインストリート。レストランやブティックが並ぶ

ミア・バリ Ⓑ P72

サンバル・シュリンプ Ⓒ P56

クーデター Ⓕ P53

クタ湾 Tel. Kuta

オベロイ・ビーチ・リゾート Ⓗ

スミニャック・ビーチ

スミニャック

ファッションの店や雑貨店が立ち並ぶスミニャックのメイン通り

アシタバ Ⓐ P68

ディアナ・プラ通り交差点

ゴージャ・バー&レストラン

コートヤード・バイ・マリオット Ⓗ

ディアナ・プラ通り Jalan Dhyana Pura

ラヤ・スミニャック通り JL. Raya Seminyak

0　　300m

センスを磨く
ショップクルーズ

オベロイ通りやラヤ・スミニャック通りには、おしゃれ感度の高い雑貨やインテリアの店が集中している。滞在中のリゾートファッションもこのエリアでゲットしよう♪

2

MAP 別冊P13D4

メルクレディ
Mercredi

インテリアの参考になるディスプレイ

食器やファブリックなどのテーブルウエアを中心にしたインテリアショップ。店内には、テーブルクロスから食器、カトラリーまでセンスよくセッティングされ、真似したくなるようなアイデアがいっぱい。

DATA ⊗オベロイ交差点から徒歩1分 ⊕Jl. Basankasa,Seminyak ☎087-866832557 ⊕9～21時 ⊛なし Ｅ

3

4

1ウインドウのディスプレイにも注目 2民家風の建物もステキ 3籐と貝殻の小物入れRp.24万5000 4ヘビ柄のクッションRp.39万5000

1

2

3

4

MAP 別冊P12B2

カルガ
Carga

日々の生活を彩るインテリアグッズ

シンプルながら上質な生活雑貨を揃える。バリ人デザイナーによるインドネシアメイドのクッションカバー、カゴバッグ、食器類などのほか、国内から買い集めたデザイン雑貨も。

DATA ⊗オベロイ通り交差点から車で10分 ⊕Jl. Petitenget No.886, Kerobokan ☎0813-38588988 ⊕9～21時 ⊛なし Ｅ

1ゆったりサイズのかごバッグはバリエーション豊富 2マグカップ類は定番はなくデザインや柄はさまざま 3木彫りの鳥の置き物Rp.12万5000（大）、Rp.10万5000(小) 4古民家のような趣きある店構え

マーケット・プレイス
Market Place

出店者は定期的に入れ替わる

バリ島内のクラフトが大集合

職人が手がけた伝統工芸品から、若手クリエーターがデザインしたファッション小物まで、20前後のブースが集まる。

MAP 別冊P12B4

`DATA` ⊗オベロイ通り交差点から徒歩10分 ⊕Jl. Kayu Jati No.8, Seminyak スミニャック・ビレッジ内 ☎0361-7387097(代表) ⊕10〜22時 ㊡なし ⊐🅴

1 木彫りの写真立て各Rp.10万〜　**2** 水草の茎で編んだランチョンマット各Rp.5万8000〜

トコ・エンポリウム
Toko Emporium

キュートなカゴバッグが大人気

色とりどりのポンポンや星マークが付いたカゴバッグで評判。自分用はもちろんおみやげとしても人気がある。ほかにもインパクトある商品が揃う。

MAP 別冊P13D4

`DATA` ⊗オベロイ通り交差点から徒歩1分 ⊕Jl. Oberoi No.1, Seminyak ☎0821-47459485 ⊕10〜21時 ㊡なし 🅴

1 賑やかなディスプレイの店内　**2** チャームが付いたカゴバッグ。大きさはいろいろRp.45万〜　**3** BALIのロゴがキュートなサンダルRp.69万

バリゼン
Balizen

MAP 別冊P13D4

カラフルなファブリックが狙い目

アメリカ人デザイナーが経営するインテリア雑貨店。バリ風の柄や素材と、ガーリーなデザインがマッチしたアイテムがキュート。カフェも併設している。

`DATA` ⊗オベロイ通り交差点から徒歩10分 ⊕Jl. Raya Basangkasa No.40, Seminyak ☎0361-738816 ⊕10〜18時 ㊡なし 🅴

1 オベロイ通りからすぐの便利な立地　**2** パーキングエリアにも露店が並ぶ

MAP 別冊P12B4

スミニャック・スクエア
Seminyak Square

街なかのショッピングモール

スミニャックのランドマーク的存在。ファッションやバリ雑貨の店のほか、カジュアルなレストランもある。

`DATA` ⊗オベロイ通り交差点から徒歩10分 ⊕Jl. Kayu Aya No.1, Seminyak ☎0361-732106 ⊕9〜22時 ㊡なし 🅴

大量買いならおまかせあれ！
バリ雑貨店

バラマキみやげに便利なバリ雑貨なら、オベロイ通り交差点から徒歩5分のジェネバ・ハンディクラフト・センターへ。倉庫のような店内に6000種類以上のアイテムが揃う。

カゴ製小物入れはサイズ豊富Rp.2万〜

ヒトデの壁かけフックRp.2万700

木彫りのバリ猫Rp.1万〜はバリエーション豊富

MAP 別冊P13D3

ジェネバ・ハンディクラフト・センター
Geneva Handicraft Center

`DATA` ⊗オベロイ通り交差点から徒歩5分 ⊕3-4F, Jl. Raya Kerobokan No.100, Kerobokan ☎0361-733542 ⊕10〜18時 ㊡なし 🅴

美食タウンの注目アドレス

おいしい各国料理の店から昔ながらの食堂まで、
スミニャック〜クロボカンのグルメシーンは華やか！
注目の店をピックアップ。

MAP 別冊P11C2

ゴーシャ・バー＆レストラン
Gosha Bar & Restaurant

絶品スペアリブをお試しあれ

レギャンに本店をもつ人気レストラン。インドネシア料理はもちろん、ステーキやシーフードのBBQなど、メニューは豊富。オリジナルの甘辛ソースがたまらないスペアリブが人気。

DATA ⊗ディアナ・プラ通り交差点から徒歩10分 ⊕Jl. Camplung Tanduk, Seminyak ☎0819-99459777 ⊛14〜22時 ⊛なし E E

1味よし値段よしでリピーターが多い 2名物のグリルド・ポーク・スペアリブRp.14万3000 3グリルド・チキン・ティルタガンガ（ハーフ）Rp.7万4900や、ガドガドRp.5万6000が人気メニュー

MAP 別冊P12B2

カインド・コミュニティ
Kynd Community

ピンクの看板が目印

店内のカラフルな壁は絶好のインスタスポット。フルーツたっぷりのスムージーボウルはフルーツで好きな文字を8文字まで無料でデコレーションしてもらえる。

1店内はフォトジェニックスポットがいっぱい 2フルーツたっぷりのベリートロピカルRp.9万

DATA ⊗オベロイ通り交差点から車で8分 ⊕Jl.Raya Petitenget 12x ,Kerobokan ☎085-931120209 ⊛7時30分〜21時30分 ⊛なし E E

MAP 別冊P13C3

セッティモ・シエロ
Settimo Cielo

本場の味を堪能できるイタリア料理の店

食材もイタリアから取り寄せる本格的なイタリアンを楽しめる。ヨーロッパからバリまで、世界各地のワインリストも充実。

1イタリアンドルチェとコーヒーでカフェ利用もOK 2フリット・ミストRp.11万。エビやマッシュルーム、イカなどのフライ盛合せ

DATA ⊗オベロイ通り交差点から徒歩10分 ⊕Jl.Pangkung Sari No.10X, Seminyak ☎0813-38726657 ⊛7〜23時 ⊛なし E E

1

MAP 別冊P12B2

ビク
Biku

アフタヌーンティーが人気

朝食、ランチ、カフェ、ディナーと一日中楽しめるカフェ＆レストラン。なかでも人気は最近バリ島で流行中というアフタヌーンティー。焼きたてのスコーンや焼き菓子、サンドイッチなど、スイーツやペストリーはどれも本格的なおいしさ。

2

DATA ⊗オベロイ通り交差点から車で10分 ⊕Jl. Petitenget No.888, Kerobokan ☎0851-00570888 ⊗8〜23時 ⊛なし Ｅ Ｅ

1アフタヌーンティー1人Rp.16万（写真は2人分） **2**日替りケーキは1ピースRp.4万 **3**アンティーク家具が素敵な店内

1

2

3

MAP 別冊P12B2

カフェ・オーガニック
Cafe Organic

大人気のオーガニックカフェ

1アサイーやココナッツが入ったスムージーボウルRp.7万5000 **2**デトックスウォーターは無料サービス **3**おしゃれなカフェとして評判

オーガニックな食材にこだわったメニューを揃え話題を集める、バリ島屈指の今どきカフェ。ショップやレストランが立ち並ぶペティテンゲット通り沿いにあり、センス抜群のインテリアで居心地のよい店内は、いつもナチュラリストたちで満席。通りに面したテラス席もある。

DATA ⊗オベロイ通り交差点から車で10分 ⊕Jl.Petitenget No.99X, Seminyak ☎0819-99014912 ⊗8〜16時 ⊛なし Ｅ Ｅ

1

1朝から晩まで利用できる便利なカフェレストラン **2**各種ケーキはRp.4万5000〜

2

DATA ⊗オベロイ通り交差点から徒歩10分 ⊕Jl. Kayu Aya, Seminyak ☎0361-736484 ⊗7時30分〜23時 ⊛なし Ｅ Ｅ

MAP 別冊P13C4

カフェ・バリ
Café Bali

フレンチコロニアルなカフェ

欧米人が集うかわいいインテリアのカフェ。人気のケーキはもちろん、インターナショナルな食事メニューも豊富に揃う。ティータイムは、くつろげるソファ席をキープしたい。

ウブド

Ubud

MAP 別冊P3C3

バリ島中央部に位置する山岳地帯。観光客で賑わう街の中心から細い通りを1本入れば、青々とした田園風景が広がるなど、活気ある観光地とのどかな田舎町の両方の魅力が共存している。また、ライステラスで知られるトゥガララン(→P91)は車で30分ほどの場所にあり、ウブドからのショートトリップとして人気がある。バリ島の豊かな自然をモチーフにしたバリアートが盛んな芸術の街でもあり、街なかには美術館やギャラリーも多い。

ウブドでやりたいこと BEST3

1. ライステラスでランチ
2. バリアート鑑賞
3. ナチュラルコスメをゲット

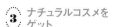

パリ島
Pulau Bali

●ウブド
スミニャック〜　デンパサール
クロボカン●
ジャワ島　クター・レギャン●
インド洋　　　　●ベニダ島
Lautan Hindia

ACCESS

レストランやショップはラヤ・ウブド通り、モンキー・フォレスト通り、ハノマン通りに集中している。これら町の中心部は徒歩で回ることができ、道もわかりやすい。郊外にあるトゥガラランのライステラスへは、タクシーか現地のオプショナルツアーを利用するのが便利。

ウブドのタクシーに乗るには

ウブドのタクシーの料金は交渉制で、クタやスミニャックのようにメーター制ではないので注意。町なかで「TAXI」のカードを掲げているドライバーに声をかけよう。行き先が遠い場合は、帰りの分の運賃も請求される場合がある。

1 バティックを使った洋服はバリ島ならではのアイテム　**2** 自然派コスメの店が多い　**3** 山岳地帯にあり自然豊かなエリア　**4** ウブドはバリアート発祥の地でもある　**5** オーガニック食材を扱うカフェが人気

Best プラン

のどかな田園ビューと バリアートに癒やされる

🕗 8:00
朝ヨガで 一日を スタート

自然の中でのヨガは ヒーリング効果◎

ウブド・ヨガ・ハウス→P95…Ⓐ

徒歩12分〜

🕙 10:00
美術館&ギャラリーで バリアート鑑賞

色彩豊かなバリア ートに心癒される

ネカ美術館→P35…Ⓑ
プリ・ルキサン美術館→P35…Ⓒ
アルマ美術館→P35…Ⓓ
ブランコ・ルネッサンス美術館→P103…Ⓔ
オウル・ハウス→P103…Ⓕ

🕛 12:00
ひと足のばして ライステラスで絶景ランチ

テラス・パディ・カフェ→P47…Ⓖ

ウブド郊外の 村、トゥガラ ラン(⇨P91)

車で30分

🕒 15:00
お買物ストリートで ナチュラルコスメ探し!

街なかには話 題のコスメショ ップが点在す る

コウ→P69…Ⓗ
センセイシャ・ボタニカルズ→P33…Ⓘ
トコ・バラス→P33…Ⓙ
ウタマ・スパイス→P32…Ⓚ

徒歩5分

車で30分

🕖 19:30
伝統芸能ショー を堪能

サレン・アグン宮殿→P100…Ⓛ

ショーの演目は 日替わりで上演 されている

Ⓑ ネカ美術館 P35
Ⓐ ウブド・ヨガ・ハウス P95
バトゥカル寺院
トゥガララン
ジャラン・ウブド通り
Ⓖ テラス・パディ・カフェ P47
Ⓛ サレン・アグン宮殿 P100
プリ・ルキサン美術館 Ⓒ P35
パサール・ウブド
レストランやショッ プが立ち並び、賑や かな雰囲気の一角
Ⓔ ブランコ・ルネッサンス美術館 P103
センセイシャ・ボタニカルズ Ⓘ P33
ジュース・ジャー
Jl. Raya Ubud
ダラム・プリ寺院
ブスピタ
Ⓗ コウ P69
ダリ・バリ
アスタリスク
ドゥニア
オウル・ハウス Ⓕ P103
ビテカン・トロプス
渓谷沿いには隠 れ家のようなヴィ ラが点在している
カフェ・ワヤン&ベーカリー
コマネカ・アット・ビスマ Ⓗ
ウブドのメインスト リート。交通量が多 いので車には注意
パダン・クルタ 寺院
おしゃれなショップ が多いハノマン通り
タマン・サリ寺院
ℹ 情報センターAPA?
Ⓚ ウタマ・スパイス P32
Ⓙ トコ・バラス P33
プリアタン PELIATAN
モンキー・フォレスト
アグン・プリアタン宮殿
Ⓓ アルマ美術館 P35
0 200m

ナチュラル&スロウ雑貨の宝箱

自然派コスメやセンスのいい手作り雑貨などのショップが多いウブド。どれも手頃な値段なのでオトナ買いしちゃおう!

MAP 別冊P17B4

シシ・オリジナル・バッグ
Sisi Original Bag

遊びゴコロあふれる布バッグ

バリ島らしいナチュラルな柄の刺繍やプリントを施した布バッグが人気のブランド。持ち手部分にデニムやキャンバス地を用いたグラニーバッグが定番デザインで、カラフルなプリント柄や刺繍が特徴。

DATA ⊗サレン・アグン宮殿から車で10分 ⊕Jl. Nyuh Kuning No.2 Pengosekan, Ubud ☎0851-03235151 ⊕9～18時 ㊡なし J E

1 布バッグは色や柄、サイズ展開が豊富。ゆったりサイズのヨガバッグやマタニティバッグもある
2 ハンドバッグはもちろん、クラッチバッグとしても使える2WAY仕様Rp.29万
3 手提げの布バッグRp.25万5000。素朴な風合いがかわいい

MAP 別冊P18B1

アスタリスク
Asterisk

キュートなアクセサリーが見つかる

小さな店内にはセンスよくシルバーアクセサリーが並ぶ。天然石を使ったピアスやネックレスがおすすめ。ガムランボールもある。

DATA ⊗サレン・アグン宮殿から徒歩10分 ⊕Jl. Gootama No.8, Ubud ☎0361-970715 ⊕12～19時 ㊡なし E

1 ガムランボールRp.23万8000とネックレスRp.13万8000のセット **2** 日本人女性がオーナー。「毎日つけても飽きないデザイン」がコンセプト

MAP 別冊P18B3

ウタマ・スパイス
Utama Spice

安心して使える100%ナチュラルコスメ

コスメメーカーのショップで、2011年にウブドに1号店をオープン。エッセンシャルオイルが人気で、サヌールにも支店がある。

DATA ⊗サレン・アグン宮殿から徒歩15分 ⊕Jl. Monkey Forest, Ubud ☎0361-78 53155 ⊕9～20時 ㊡なし E

1 オーガニックのバージンココナッツオイルを使用するエッセンシャルオイルRp.4万8500～ **2** 店内には多彩な自然派コスメが並ぶ **3** オーナーはイギリス人女性とアメリカ人男性

MAP 別冊P18B3

トコ・パラス
Toko Paras

パッケージもかわいいコスメ

日本人女性オーナーのアイデアが詰まった自然派コスメがずらり。オーガニックのココナッツオイルをベースにした、オリジナルブレンドのマッサージオイルや石けんが人気。

DATA ⊗サレン・アグン宮殿から徒歩20分 ⊕Jl. Monkey Forest, Ubud ☎0813-38 557151 ⊕9時〜19時30分 ㊡なし E

1天然成分の手作り石けんはジャスミンなど全10種類。Rp.4万5000 **2**古い角質を取り除き、滑らかなお肌にしてくれるナチュラル・ボディ・スクラブRp.9万 **3**フランジパニやチェンパカなどバリ島の花の香りのアロマオイルもある

MAP 別冊P18B1

センセイシャ・ボタニカルズ
Sensatia Botanicals

東部生まれのナチュラルソープ

バリ島東部の小さな村で作られるオーガニック石けんのメーカー直営店。100%ナチュラルな素材を原料とし、高級ホテルのアメニティやスパのプロダクトとしても使われている。

1天然の保湿成分が入ったオーガニック石けんはRp.7万5000。肌タイプ別に選べる **2**エッセンシャルオイルやボディクリームなど豊富な品揃え

DATA ⊗サレン・アグン宮殿から徒歩3分 ⊕Jl. Monkey Forest No.64, Ubud ☎0361-9081562 ⊕10〜22時 ㊡なし E

MAP 別冊P18B2

ピテカン・トロプス
Pithecan Thropus

バティックの魅力がつまった店

バティックを中心にイカットやソンケットなど伝統の布製品を扱う老舗。バティックを使ったモダンなデザインの小物や洋服から、アンティークの壁掛けまで揃う。

DATA ⊗サレン・アグン宮殿から徒歩10分 ⊕Jl. Monkey Forest, Ubud ☎0361-970990 ⊕9〜21時 ㊡なし E

1ラヤ・ウブド通りにも姉妹店がある **2**さらりとした素材が心地よいノースリーブのトップスRp.53万 **3**ショルダーバッグRp.56万

ヨガウエアはチェックです！

ウブドは言わずと知れたバリニーズ・ヨガの聖地。ヨガウエアのショップも多く、なかでも人気のドゥニアは日本にも進出しているブランド。ストレッチ素材ライクラを使ったオリジナルデザインのウエアはどれも個性的！

日本の数分の1の値段で買えるのが魅力。トップスRp.28万〜、ボトムスRp.27万5000〜

バティックのヨガウエアRp.25万〜

MAP 別冊P18B2

ドゥニア
Dunia

DATA ⊗サレン・アグン宮殿から徒歩8分 ⊕Jl. Hanoman No.23, Ubud ☎0812-39781521 ⊕8〜20時 ㊡なし E

田園&森ビューと オーガニックが合言葉♥

ウブドでブームの田園を望むロケーションレストランと、
オーガニック食材を使ったヘルシー料理が自慢の店をご紹介。

1 訪れるタイミングで田んぼの景色は変化する **2** ジャックフルーツと野菜のパティを挟んだベジバーガー Rp.8万5000など、ベジタリアンメニューも用意

1 棚田を眺めながらゆったりと食事が楽しめる。ブランコなどの写真スポットも大人気 **2** ミーゴレン Rp.4万6000

MAP 別冊P17B1

チャリック・テラス
Carik Terrace

棚田ビューの絶景レストラン

トゥガラランの棚田を見渡す好ロケーション。メニューはナシゴレンなど定番のインドネシア料理が揃うほか、ドリンクのみの利用もOK。

DATA ⊗サレン・アグン宮殿から車で30分 ⊕Desa Tegallalang, Tegallalang ☎0813-38507796 ⊕9〜17時 ⊛なし J E J E

MAP 別冊P17B2

アカシャ
Akasha

田んぼビューで ヘルシーメニューを堪能

契約農家から仕入れるオーガニック野菜を使った、体に優しいオリジナル料理が自慢。田んぼを望むオープンエアーの席が気持ちいい。

DATA ⊗サレン・アグン宮殿から車で30分 ⊕Jl. Sinta, Keliki, Tegallalang ☎0813-38885397 ⊕11〜21時 ⊛なし E E

1 渓谷に突き出すように食事スペースがあり開放的 **2** 美しく盛り付けされたナシチャンプル Rp.6万5000

MAP 別冊P17B1

カンプン・カフェ
Kampung Cafe

見渡す限りのウブドの森

トゥガラランの棚田近くにあり、インドネシア料理のほか、インドネシア風にアレンジしたピザやパスタなどオリジナル料理も味わえる。

DATA ⊗サレン・アグン宮殿から車で30分 ⊕Jl.Ceking Tegallalang Gianyar 田カンプン・リゾート・ウブド内 ☎0361-901201 ⊕8〜21時 ⊛なし E E

地元で超人気! イブ・オカのバビ・グリン

現地の人にウブドのおすすめレストランを聞くと、必ず名前があがるバビ・グリン（ブタの丸焼き）専門店。ジューシーな肉の旨みがたまらない一品で、いつも夕方前には売り切れてしまうほどの人気。ウブド内に3店舗支店がある。

テイクアウトする人が多い

バビ・グリン・スペシャル Rp.6万5000〜。ブタのいろいろな部位が一皿になっている

MAP 別冊P18B1

イブ・オカ1 Ibu Oka1

DATA ⊗サレン・アグン宮殿からすぐ ⊕Jl.Suweta, Ubud ☎0851-00077490 ⊕11〜19時（なくなり次第終了） ⊛なし E E

バリ文化の中心地で アートにふれる

王族がバリ島に芸術家を連れてきたのが原点とされる
バリの芸術。その歴史と今がわかる美術館をご案内。

MAP 別冊P17A3

ネカ美術館
Neka Art Museum

伝統絵画から現代アートまで

1976年に絵画コレクター、
ステジャ・ネカ氏が設立した。
バリ絵画を歴史ごと、画家ご
とに展示する方法は独特。
写真の展示室もある。

DATA ⊗サレン・アグン宮殿から車
で10分 ⊕Jl. Raya Sanggingan,
Kedewatan ☎0361-975074 ⊕9
〜17時 ⊛なし ⊛Rp.10万 E

1『惹かれ合う心』アブドゥル・アジズによって1974〜75年に描かれた
2枚の別々の絵を、ひとつの作品として展示し話題になった　2『ジョ
ゲッ・ピンギタン』デワ・プトゥ・ブディルの作品。男女の踊りを西洋画の
手法を取り入れて描いたもの　3 6棟の展示室に分かれている

MAP 別冊P18B1

プリ・ルキサン美術館
Museum Puri Lukisan

名画揃いの必見ミュージアム

ウブド王族スカワティ家と、バリ
絵画に影響を与えたウォルター・
シュピース、ルドルフ・ボネが、国
外に流出していた絵画の収集と
保存の目的で設立。

DATA ⊗サレン・アグ
ン宮殿から徒歩5分
⊕Jl. Raya Ubud, Ubud
☎0361-971159
⊕9〜17時 ⊛なし
⊛Rp.8万5000 E

1『バリの市場』ドイツ
人画家ウォルター・シュ
ピースの元で学んだア
ナック・アグン・グデ・ソ
ブラットの作品　2『ハ
ヌマンの誕生』イ・グス
ティ・マデ・デブログの
1936年の作品。自然界
の美しさがうかがえる

MAP 別冊P17B4

アルマ美術館
Agung Rai Museum of Art(ARMA)

バリアートの一大拠点

絵画収集家アグン・ライ氏が率
いるアルマ財団が運営。レンパッ
トやウォルター・シュピースの作
品が常時観られる。敷地内には
ホテルや図書館なども。

DATA ⊗サレン・アグン宮殿
から車で10分 ⊕Jl. Raya
Pengosekan Ubud, Ubud
☎0819-99271777 ⊕9〜
18時 ⊛なし ⊛Rp.10万
E

1『ジャワの貴族と妻の肖像』
ラデン・サレによって1837年
に描かれた。バリ絵画の傑作
のひとつといわれる　2『ブ
リアンガーの風景』ウブド・ス
タイルの典型といわれる、ウ
ォルター・シュピースの1923
年の作品。美しい光の描き方
が特徴

クタ〜レギャン

Kuta~Legian

MAP 別冊P4B2

西海岸のリゾートエリアのなかでも、最も活気にあふれるエリア。ビーチには多くのサーファーや外国人観光客が集まり、メインストリートであるレギャン通りにはローカルブランドのファッションの店や雑貨店が立ち並んでいる。レストランやカフェのほか、バーなどのナイトスポットも多く、深夜まで街の灯りが消えることはない。カジュアルなホテルやお手軽スパが多いのもこの周辺で、一日中アクティブに楽しみたい人におすすめのエリア。

クタ〜レギャンでやりたいこと BEST3

1 メインストリートで安カワ雑貨探し

2 ショッピングセンターでお買い物

3 ローカルフードにトライ

バリ島
Pulau Bali

●ウブド
スミニャック〜 デンパサール
クロボカン●
ジャワ島 クタ〜レギャン●
インド洋 ●ペニダ島
Lautan Hindia

ACCESS

レギャン通りや海沿いのラヤ・パンタイ・クタ通りにレストランやカフェが立ち並ぶ。移動は徒歩で充分。歩き疲れたら手軽なスパで足マッサージを利用するのもいい。常に渋滞しているので、タクシーを利用するとかえって時間がかかることも。

1 人や車、バイクの往来が多いので、通りを歩く際は注意しよう 2 露店のようなみやげ物の店も多い 3・4 リゾートファッションを扱うショップが点在する 5 伝統料理からインターナショナル料理まで、グルメシーンのバリエーションも多彩 6 サーファーが集まるクタ・ビーチ。水平線に日が沈む夕暮れ時は絶景

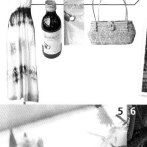

Best プラン

何でも揃う賑やかエリアで盛りだくさんの一日

🕐 8:00
クタ・ビーチでサーフィンデビュー
デコム・サーフィン・スクール→P93…Ⓐ

初体験でもほとんどの人が立つことができる

徒歩5〜10分

🕐 12:00
老舗レストランで伝統料理
コリ→P59…Ⓑ

バリスタイルの小上がり席で、くつろげる

車で10分

🕐 14:00
お手軽スパで癒される
タマン・アイル・スパ→P81…Ⓒ

休憩を兼ねて街スパへ。手頃な値段がうれしい

車で15分

🕐 16:00
ビーチウォークでショッピング&ディナー
ビーチウォーク→P38…Ⓓ

ビーチウォーク内には、サンセットを眺めながらディナーができるレストランも

車で15分

🕐 19:00
まだまだショッピング！大型モールへ
モル・バリ・ギャレリア・クタ→P71…Ⓔ

モル・バリ・ギャレリア・クタ内には、おみやげを調達できるスーパー、ハイパーマート（→P76）もある

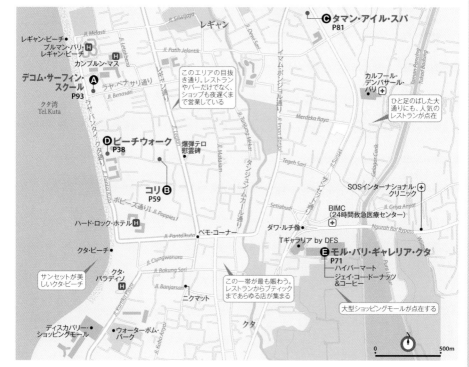

レギャン

Ⓒ タマン・アイル・スパ
P81

レギャン・ビーチ・プルマン・バリ・レギャン・ビーチ Ⓗ

カンプルン・マス

デコム・サーフィン・スクール Ⓐ
P93

クタ湾
Tel. Kuta

このエリアの目抜き通りで、レストランやバーだけでなく、ショップも夜遅くまで営業している

カルフール・デンパサール・バリ ✚

ひと足のばした大通りにも、人気のレストランが点在

Ⓓ ビーチウォーク
P38

爆弾テロ慰霊碑

Ⓑ コリ
P59

ハード・ロック・ホテル Ⓗ

ベモ・コーナー

SOSインターナショナル・クリニック ✚

BIMC
（24時間救急医療センター）

ダワ・ルチ像

Tギャラリア by DFS

クタ・ビーチ

クタ・パラディソ Ⓗ

サンセットが美しいクタ・ビーチ

ニクマット

この一帯が最も賑わう。レストランからブティックまであらゆる店が集まる

Ⓔ モル・バリ・ギャレリア・クタ
P71
ハイパーマート
ジェイ・コー・ドーナッツ＆コーヒー

大型ショッピングモールが点在する

ディスカバリー・ショッピングモール

ウォーターボム・パーク

クタ

0　　　　500m

安カワ買物天国!

メインストリートには
バリ雑貨を扱う小さな店がずらり。
さまざまなものを扱う
ショッピングセンターも賢く利用しよう。

1   2

3

MAP 別冊P14B1

クランジャン・バリ
The Keranjang Bali

バリ島の特産品が大集合

2022年にオープンした体験型のショッピングセンター。4階建ての建物内に、バリ島ならではのお菓子や雑貨、アパレルなどが集結している。

DATA ⊗ベモ・コーナーから徒歩15分
⊕Jl. Bypass Ngurah Rai No.97, Kuta
☎0361-4755575 ⊕10〜21時
⊛なし E

4   5

1 バナナ・ブレッドRp.6万。プレーンのほかにチョコレート味、チーズ味がある **2** 伝統織物イカットの柄をモチーフにしたバッグRp.19万9000 **3** ジンバランなら魚など、バリ島の地域カルチャーを反映したぬいぐるみも人気がある **4** 買物カゴをモチーフにした楽しげな建物 **5** 伝統衣装を着て記念撮影ができるコーナーも

MAP 別冊P6A1

ビーチウォーク
Beachwalk

若者人気No1の巨大モール

クタ・ビーチ沿いにある巨大ショッピングモール。3フロアの建物に約200店舗が入る。レストランやカフェ、フードコートも充実。

DATA ⊗ベモ・コーナーから車で5分 ⊕Jl. Raya Pantai Kuta,Kuta
☎0361-8464888 ⊕10〜22時(金・土曜は〜23時)
⊛なし E

夜遅くまでショッピングが楽しめる

MAP 別冊P6A3

ビラボン
Billabong

旬の水着はココで!

オーストラリア発のサーフブランド店。個性的なデザインの水着やビーチサンダルなどのアイテムがメンズ、レディース、キッズ別に揃う。機能性にこだわったアイテムはサーファーにも大人気。

DATA ⊗ベモ・コーナーから徒歩8分
⊕Jl. Raya Kediri, Kuta
☎0361-752360
⊕10〜21時 ⊛なし
E

1

2

1 植物柄のシックな黒のビキニは上下別で各Rp.59万9000 **2** ビーチアイテムのほかレディース服やキッズウェアも

ローカルに人気の グルメスポット

地元の人が集うワルン（食堂）から若者に人気の スイーツの店まで、食べずには帰れないグルメ スポットをご紹介。

MAP 別冊P8A2

モッツァレラ・バイ・ザ・シー
Mozzarella by the Sea

ナチュラルな海カフェ

木のテーブルやイスが配されたオープン カフェ。洗練された西洋料理と種類豊富 なオリジナルカクテルを楽しみたい。各 種パスタはRp.9万〜。

DATA ⊗パドマ通り交差点から徒歩15分 ⊕Jl. Padma Utara, Legian ☎0361-751654 ⊕7〜23時 ㊡なし Ｅ Ｅ

1 フードプラッター Rp.6万5000
2 ティラミス・カクテル Rp.15万5000
3 サンセットも美しいビーチフロント

MAP 別冊P6B4

ニクマット
Nikmat

定番のインドネシア料理なら

出勤前の地元の人々が朝食に訪 れ、ランチの時間は行列ができる 人気ワルン。バリエーション豊富 なおかずが評判で、売り切れ次 第閉店になる。カードは利用不可。

DATA ⊗ベモ・コーナーから徒歩10分 ⊕Jl. Bakungsari Gg. Biduri No.6, Kuta ☎087-861518545 ⊕7時30分〜18時 ㊡なし 🍴

1 地元客だけでなく旅行者も多い　2 ソト・アヤムRp.2万。ニンニクやウコンなどをはじめ、スパイスをふんだんに使った鶏ダシスープが味の決め手。麺が入っているのでお腹にたまる

MAP 別冊P6B1

クランブ＆コースター
Crumb & Coaster

朝食＆ブランチで人気のカフェ

毎朝焼き上げるクロワッサンや、パ ンを使った朝食メニューが評判の カフェ。ランチやディナーはパスタ やメキシコ料理などもラインナップ。

DATA ⊗ベモ・コーナーか ら徒歩10分 ⊕Jl. Benes ari No.2c, Kuta ☎0819-99596319 ⊕7時30分〜 22時30分 ㊡なし Ｅ Ｅ

1 ひとりでも利用しやすい 雰囲気　2 クロワッサン・ベネディクトRp.7万9000+ スモークサーモンRp.3万 9000

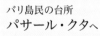

バリ島民の台所
パサール・クタへ

観光客が多いクタの中心部にあ りながら、地元民の暮らしが見ら れる市場。各地から集まる新鮮 野菜やフルーツをはじめ、チャナ ン（お供え物）、日用品などが並 ぶ。早朝は屋台も多いので、朝 食目当てに訪ねても楽しい。

MAP 別冊P6B3
パサール・クタ
Pasar Kuta

DATA ⊗ベモ・コーナー から徒歩5分 ⊕Jl. Raya Kuta, Kuta ☎なし ⊕早朝〜夕方 ㊡なし

1 朝の6〜8時が地元の人で最も賑わう時間　2 値段は付いてい ないが、店によりしつこい値切りはマナー違反になるので注意

ヌサドゥア

Nusa Dua

MAP 別冊P5C4

バリ島南部の東海岸に位置するエリア。海岸沿いには洗練された大型ホテルが立ち並び、現在も開発が進んでいる。ヌサドゥアの北側にあるタンジュン・ブノアとよばれるエリアは海に突き出た半島になっており、マリンアクティビティが盛ん。

バリ島
Pulau Bali

●ウブド
スミニャック〜 ●デンパサール
クロボカン
ジャワ島 クタ〜レギャン● ●ベニダ島
インド洋 ヌサドゥア
Lautan Hindia

ACCESS

ヌサドゥアに入るにはメイン・ゲートまたは北ゲート、南ゲートのいずれかの入口を通る必要がある。エリア内はタクシーやホテルのシャトルバスで移動する人が多く、周辺を歩くよりホテルやスパなどでゆっくり過ごす人が多い。

1 大型のラグジュアリーホテルが立ち並ぶ 2 長時間スパでゆったりとしたリゾートライフを楽しみたい 3 プールやレストランなどホテル内施設を満喫したい

MAP 別冊P15B3

タマリンド・メディテレニアン・ブラッセリー

Tamarind Mediterranean Brasserie

オンザビーチのダイニング

ヌサドゥア・ビーチが目の前に広がる。オンザビーチのテーブル席のほか、木陰のウッドスペース、竹で造られた屋内席などがあり、どの席からもビーチを一望できる。

DATA ⊗メイン・ゲートから車で5分
ⓗ Kawasan Pariwisata, Nusa Dua Lot North 4, Nusa Dua Ⓗヌサドゥア・ビーチ・ホテル&スパ内 ☎0361-772380 ⌚12〜23時 ㊡なし Ⓔ Ⓔ

左:木陰が心地よい屋外席
右:エビやサーモンなどをシンプルにグリルしたウォーム・グリルド・シーフード・サラダRp.21万

MAP 別冊P15B4

ザ・カフェ

The Café

大満足のホテルビュッフェ

世界の一流シェフが目の前でできたてを提供する。ベトナム、タイ、韓国料理などメニューは種類豊富。ディナーはRp.66万5000。

DATA ⊗メインゲートから車で5分 Ⓗザ・ムリア、ムリア リゾート&ヴィラス-ヌサドゥア(→P21)内 ☎0361-3017777 ⌚7〜11時、12〜15時(日曜のみ)、18〜23時 ㊡なし Ⓔ Ⓔ ㊞(1日前)

上:メニューはバラエティ豊か
下:店内は広々として高級感が漂う

MAP 別冊P5C3

スカール・ジャガット・ブティック・スパ&サロン

Sekar Jagat Boutique Spa & Salon

オープンエアで気分爽快

天然のトリートメント剤を使った多彩なメニューが揃うバリ式のスパ施設。

DATA ⊗メイン・ゲートから車で15分 Ⓗ By Pass Mumbul Nusa Dua ☎0361-770210 ⌚11〜20時 ㊡なし Ⓔ Ⓔ Ⓔ

送迎付きプランも人気がある

のどかな雰囲気が魅力の老舗リゾート

サヌール
Sanur

MAP 別冊P5C1

古くからある南部東海岸のリゾート地で、海沿いに歴史あるホテルが点在する静かな一角。メインストリートのダナウ・タンブリンガン通りにはショップやレストランが立ち並び、のんびりと街歩きやサイクリングをするのが楽しい。

バリ島
Pulau Bali
ウブド
スミニャック〜 デンパサール
クロボカン
ジャワ島 クタ〜レギャン ペニダ島
インド洋 サヌール
Lautan Hindia

ACCESS

メインストリートは南北に約2kmのびるダナウ・タンブリンガン通り。北には波穏やかなサヌール・ビーチやベルギー人画家のギャラリー、ル・メイヨール博物館(→P103)などがある。ホテルで自転車を借りて、サイクリングもおすすめ。

1 人が多すぎず、ゆったりと過ごせるサヌール・ビーチ **2** 地元の人々が集まるオーガニック・マーケット **3** 年配の旅行者にも人気がある落ち着いた街の雰囲気

MAP 別冊P16B2

ルートゥス・コーヒー・ショップ
Luhtu's Coffee Shop

海風が心地よいシービューカフェ

シンドゥ・ビーチ沿いの遊歩道に面するカフェ。自家製のパンやケーキが自慢で、ケーキは約20種類をラインナップ。

DATA ⊗コミュニティセンターから車で10分 ⊕Jl. Pantai Sindu, Sanur ☎0821-46050576 ⊕7〜22時 ⊛なし 🏍 E E

上：ビーチに面した木陰のテラス席が人気 下：クラブサンドイッチRp.6万

おすすめSPOT

MAP 別冊P16B2

ウルワツ
Uluwatu

上質なコットン製品を扱う

質の高いコットン素材に、繊細なレースをあしらった、乙女心をくすぐるアイテムが揃う。ワンピースRp.100万〜やクッションカバーRp.30万〜が人気。

DATA ⊗コミュニティセンターから徒歩20分 ⊕Jl. Danau Tamblingan No.94, Sanur ☎0361-288037 ⊕8〜22時 ⊛なし 🅙 E

レースを使ったアイテムが揃う

MAP 別冊P16B3

オーガニック・マーケット
Organic Market

日曜限定のマーケット

オーガニック食材を使ったメニューを提供するカフェ・バトゥジンバールが、店の前で日曜のみ開催する市場。野菜やエコグッズなどの屋台が並ぶ。商品がなくなり次第終了する。

DATA ⊗コミュニティセンターから徒歩15分 ⊕Jl. Danau Tamblingan No.75A, Sanur ☎0361-287374 ⊕9〜13時 ⊛月〜土曜 E

左：バリ島のスイーツなども買える

右：地元の人だけでなく、観光客にも人気

デンパサール
Denpasar

MAP 別冊P5C1

バリ島南部中央にあり、行政の中心として活気づく一方で、地元の人々が利用する市場や食堂も多く、飾らないバリ島の暮らしを体感することができる。博物館や寺院など、バリ島の歴史を体感できる観光スポットもある。

バリ島
Pulau Bali
スミニャック〜　ウブド
クロボカン　デンパサール
ジャワ島　クタ〜レギャン
インド洋　ペニダ島
Lautan Hindia

ACCESS

街の中心は地元の人の憩いの場であるププタン広場。みどころやグルメスポットは離れた場所に点在しているので移動には車が必要だが、大通りは渋滞していることが多いので時間には余裕をもって行動したい。

1

2

3

1 ププタン広場の東側にバリ博物館とジャガッ・ナタ寺院がある **2** パサール・バドゥンは地元の人が利用する市場 **3** バリ島の歴史を伝えるみどころも多い

Ａ Ｂ
ングラ・ライ・スタジアム
0 500m
ビネカ・ジャヤ P43
チャトゥル・ムカ像　セヴェ・デウィ・マス P43
❶ パサール・　　ププタン　　●アート・センター
バドゥン　　　広場
P42　　　　　バリ　ジャガッ・ナタ寺院 P102
博物館 P103
アヤム・ゴレン・
カラサン
P43
ラマヤナ・バリ・モール
バクワン・
スラバヤ
P43
中央郵便局
国立ウダヤナ大学
在デンパサール
❷　　　　　　　　　　日本国総領事館
バックミー・　　　　　　　　P140
クリッティン・
ジャカルタ P43

ローカル市場で体験

市井の人々の生活が垣間見えるのが、バリ島最大の市場、パサール・バドゥン。4階建ての建物内には食料や衣類などの店がひしめき合い、建物の周囲にも多くの露店が集まっている。

さまざまな南国のフルーツが売られている

MAP P42A1
パサール・バドゥン
Pasar Badung

DATA ププタン広場から車で3分
Jl. Gajah Mada No.1A, Denpasar
☎0361-4743630 ⏰4〜18時 休なし

ローカルにも人気の見・買・食スポット

旅行者におすすめのみどころや、
地元客御用達のグルメスポットをご紹介

MAP P42B1

アート・センター
Taman Budaya (Art Center)

バリ島の芸術の伝統を伝える

1 砂岩彫刻が施された屋外劇場の塔 2 敷地内には南国植物が生い茂る

バリ・ヒンドゥー教建築の塔がそびえる屋外劇場、伝統楽器や工芸品を展示する展示館、イベント時のみ使われる屋内劇場から成る。毎年7月に行われる芸術祭の会場としても知られる。

DATA ⊗ププタン広場から車で5分 ⊕Jl. Nusa Indah No.1, Denpasar ☎0361-227176 働8〜15時 働なし Rp.5万

MAP P42A1

ビネカ・ジャヤ
Bhineka Jaya

バリ・コーヒーをおみやげに

品揃えも豊富な店内

70年以上続く、老舗のコーヒー専門店。各地の農家から厳選した豆だけを仕入れている。定番のバリ・コーヒーは100gRp.5500〜。試飲もできる。

DATA ⊗ププタン広場から徒歩5分 ⊕Jl. Gajah Mada No.80, Denpasar ☎0361-224016 働9〜16時 働日曜 E

店内には、ところ狭しと商品が並んでいる

MAP P42A1

セヴェ・デウィ・マス
CV.Dewi Mas

多彩な柄が揃う布の専門店

デンパサールの買物スポット、ガジャマダ通りにある。カラフルな花柄から伝統のバティック、高級ホテルのリネンに使われる商品も。

DATA ⊗ププタン広場から徒歩5分 ⊕Jl. Gajah Mada No.48, Denpasar ☎0361-236707 働9〜17時(日曜は〜14時) 働なし E

MAP P42A2

バクワン・スラバヤ
Bakwan Surabaya

ローカルに人気のワルン

鶏ガラでダシをとったスープが看板メニューの店。牛の肉団子や魚のつみれが入ったバクワン・チャンプルはRp.3万2000。

スープの具材はショーケースから指差して選ぶこともできる

DATA ⊗ププタン広場から車で5分 ⊕Jl. Teuku Umar No.54x, Denpasar ☎0813-38187511 働9時30分〜19時くらい 働日曜

MAP P42A2

バックミー・クリッティン・ジャカルタ
Bakmi Keriting Jakarta

ジャカルタ風ラーメンの名店

エアコンの効いた清潔な店内で、ジャカルタの名物麺「バックミー・クリッティン」を味わえる。写真付きのメニュー表が用意されているのでわかりやすい。

DATA ⊗ププタン広場から徒歩20分 ⊕Jl. Diponegoro 100 Komp, Diponegoro Megah Block C/5-6, Denpasar ☎0361-236919 働7〜15時、17〜21時 働隔週の火曜

ワンタン&チャーシュー入りのラーメン、ミー・パンジット・カシオRp.4万5000

MAP P42B2

アヤム・ゴレン・カラサン
Ayam Goreng Kalasan

大人気の鶏の唐揚げ

店名の通り、アヤム・ゴレン(鶏の唐揚げ)が名物の店。スパイスで下味を付けた鶏肉を骨付きのまま揚げたバリ料理で、サクサクの衣と柔らかな鶏肉が美味。

DATA ⊗ププタン広場から車で5分 ⊕Jl. Cok Agung Tresna No.6, Renon, Denpasar ☎081-23809934 働9時〜22時30分 働なし

1 ご飯と野菜がセットになったアヤム・ゴレン・カラサンはRp.2万2000 2 家族経営でアットホームな雰囲気の店内

東部の工芸村

Factory Village, Eastern Bali

MAP 別冊P3C3・D3

バリ島東部には、バティックやイカット、銀細工などの伝統工芸の名産地として知られる村が点在している。職人の工房を訪ねれば、作業工程を見学したり工芸品の購入もできる。

1・2 トゥガナン村。素朴な風景も工芸村の魅力 3 織細な織物の制作工程などを見学できる

MAP 別冊P3D3

トゥガナン村
Tenganan

貴重な伝統織物、グリンシンの村

バリ島の先住民、バリ・アガの文化を受け継ぐ村。ダブル・イカットとよばれる縦糸・横糸の両方を染めてから織り上げる絣織りの生産で知られる。※入村には寄附が必要

上：無病息災を願うグリンシンは独特の色合いが魅力 下：量産しない貴重なグリンシンの制作風景を見学するには、事前に工房に電話で問い合わせるのがおすすめ

見学できる工房
プリ・グリンシン
Puri Grinsing

DATA ⊗ウブドのサレン・アグン宮殿から車で1時間30分 ⊕Teganan ☎0812-39338394 時9〜18時 休なし E

MAP 別冊P3C3

チュルク村
Celuk

シルバーの工房とショップがずらり

かつて王族の装飾品を作る職人を集めた村だったため、現在も工房が多数あり、伝統が受け継がれている。デザイン豊富なので宝探し気分で訪れよう。

左：手作業で一つひとつ作り上げていく。シルバーは純度92.5%以上のものが多い 下：人気のガムランボールはRp.17万〜

見学できる工房
マーズ
Mar's

DATA ⊗ウブドのサレン・アグン宮殿から車で40分 ⊕Celuk ☎0361-298102 時8〜18時 休なし E

MAP 別冊P3C3

シドゥメン村
Sidemen

刺繍のように見えるソンケットは機織りで色糸を織り込む手の込んだ布

東部にあるスローな村

ウブドから芸術家たちが移り住むようになり、近年注目の村。広大なライステラスとのどかな空気に癒される。浮かし織りソンケットの産地としても知られる。

DATA ⊗ウブドのサレン・アグン宮殿から車で1時間30分

注目のセンセイシャも東部にあります

バリ東部の漁村で作られる、世界的に人気のオーガニックコスメ。工房には併設のショップもある。

MAP 別冊P3D3

センセイシャ Sensatia

DATA ⊗ウブドのサレン・アグン宮殿から車で2時間30分 ⊕Amlapura ☎0363-23260 時9〜18時（日曜は12時〜） 休なし E

Topic 2

グルメ

Gourmet

インドネシア料理はもちろん、
ライステラスやオーシャンビューなど
絶景と食事が一度に楽しめるのはバリ島だからこそ。

あなただけの特等席にご招待♥

絶景ごはん

インド洋が眼前に広がる
絶景レストラン

オーシャンビュー

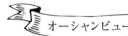

ビーチフロントのレストランは
海を感じる最高のロケーション。
遮るものがない断崖絶壁から
広大な海を感じてお食事を♪

ウルワツ　MAP 別冊P4A4

エル・カブロン・スパニッシュ・レストラン&クリフ・クラブ
El Kabron Spanish Restaurant&Cliff Club

バリ島南西部のリゾートエリア、
ウルワツ北の断崖絶壁に立つス
パニッシュレストラン。店内は3つ
のエリアに分かれ、本格料理から
カジュアルなタパスまで気分に
合わせて楽しめる。サンセットタ
イムの雰囲気も抜群。クレマ・カ
タラナRp.11万5000などデザー
トも人気。

DATA ⊗空港から車で30分
⊕Jl. Pantai Cemongkak, Pecatu
☎0813-37235750　⊙11～23時(タパ
ス12時～、レストラン13時30分～)　⊛
なし E E

1 インド洋を一望できるプール沿いが特等席。人気席なので事前に予約して
2 クロケット(手前) Rp.9万。スペイン産のイベリコハムが入ったジャガイモのコロッケ
3 リゾート感満点の店構え。オープンエアのプールサイド席を中心にソファー席もある

インド洋を眼下に 地中海料理を味わう

1 日差しの強い時はまぶしいので奥の日影の席へ
2 プリフィックスコースは、前菜とメイン、デザート
が3品から選べる

ウンガサン　MAP 別冊P4B4

ディ・マーレ
Di Mare

バリ島南部のインド洋に臨むリゾートホ
テル内のダイニング。海際の席なら遮る
もののない、見事なオーシャンビューを
楽しめる。料理は本場から取り寄せた食
材を使う、本格的なイタリアンを中心と
した地中海料理で、コースRp.95万。

DATA ⊗空港から車で30分
⊕Hカルマ・カンダラ(→P113)内
☎0361-8482200
⊙7～23時　⊛なし E E

2

棚田にカフェがあったり、森と渓谷を眺めながら食事を楽しめたりするのはバリ島ならでは

ライスフィールドビュー

棚田の緑を見下ろす
名物レストラン

1バレ（東屋）の座敷席が中心だが、一部テーブル席もある　2カレー・アヤム（チキンカレー）Rp.8万、ルンピア（揚げ春巻き）Rp.3万5000、揚げバナナRp.2万5000。ほかにナシ・ゴレンやミー・ゴレン各Rp.6万など定番メニューやカフェメニューもある　3どの席からものどかな景色が楽しめる　4雰囲気抜群のソファ席が人気

ウブド周辺　|　MAP 別冊P17B1

テラス・パディ・カフェ
Teras Padi Café

ライステラスビュー・レストランの先駆け。ハイシーズンのランチタイムには、予約をしないと入れないほどの人気ぶり。メニューはインドネシア料理と、サンドイッチやサラダなどの軽食。バリ料理のメニューも提供。

DATA ⊗ウブドのサレン・アグン宮殿から車で30分
⊕Cekingan, Tegallalang ☎0821-46306453
⊛10〜18時　⊛なし C J E

大迫力の
パノラマビューイング

ウブド周辺　|　MAP 別冊P17A2

デワタ・ラウンジ
Dewata Lounge

ウブドの渓谷にあり、亜熱帯の森の大パノラマを望む絶景レストラン。バリ島の宮廷をイメージした有名ホテル、ザ・ロイヤル・ピタ・マハ内にある。インドネシア料理やアジア各国の料理をアレンジしたメニューの数々は、ホテルダイニングならではのハイレベルな味わい。

DATA ⊗サレン・アグン宮殿から車で15分
⊕H ザ・ロイヤル・ピタ・マハ（→P17）内
☎0361-980022（リゾート代表）　⊛11〜23時　⊛なし
D P E J E

1アユン川の渓谷がきれいに見えるランチタイムが人気だが、幻想的な夜の雰囲気もおすすめ　2アヒルをカリカリに焼いたウブド名物のベベッ・ゴレンRp.21万　3最も渓谷に近い席からの眺めは迫力満点。予約がベター

ピンクやオレンジに
色を変える独特な
バリ島の夕日。
サンセットタイムに
おすすめの4軒を
ご紹介！

1

オン・ザ・ビーチの
ロマンティックディナー

2

スミニャック　MAP 別冊P12B4

ブリーズ・アット・ザ・サマヤ
Breeze at the Samaya

最高にロマンティックなロケーションでサンセットディナーが楽しめる、人気ブティックリゾート、サマヤのメインダイニング。新鮮魚介やオーストラリア和牛などを使ったインターナショナル料理を中心に、定番のインドネシア料理も豊富に揃う。

DATA ⊗オベロイ通り交差点から車で5分 ⊕Jl. Laksmana, Seminyak 田サマヤ内 ☎0361-731149 ⊛6時30分〜23時 ⊛なし
ⓙⒷⒿⒺⓉ

1 シーフード・パエリア Rp.33万など、魚介類を使った料理がおすすめ
2 数少ないオン・ザ・ビーチのファインダイニング。ビーチのテーブル席は少ないので早めの予約を
3 南国のフルーツなどを使ったオリジナルカクテルも楽しみたい

3

潮騒が心地いい
シーフードレストラン

ジンバラン　MAP 別冊P14A4

キシック・シーフード・バー＆グリル
KISIK Seafood Bar & Grill

広大なインド洋が目の前に広がるテーブル席が自慢。店内のショーケースに新鮮な魚介類が並び、魚介を直接見て注文し、焼く、蒸すなどの調理法とソースを選ぶスタイル。人気なので予約は必須。

DATA ⊗空港から車で20分 ⊕田アヤナ エステート（→P14）内 ☎0361-702222 ⊛17時30分〜23時 ⊛なし ⓙⒷⒿⒺⓉ

1 砂が敷き詰められた海沿いのテーブル席はロマンチックな雰囲気
2 マッド・クラブRp.59万5000〜は重さによって値段が決まる。味付けはチリソースまたはガーリックバターから選ぶ

2

ジンバラン｜MAP 別冊P14A4

ロック バー

Rock Bar, Bali

インド洋に面した断崖に突き出るようなデザインで造られたバー。予約ができないので、サンセットタイムにはバー専用のケーブルカー乗り場に行列ができることも。最上部の席は宿泊客専用だが、どのシートに座っても海が見える設計。メニューは基本的にアルコールとおつまみのみ。

DATA ㊝空港から車で20分 ㊟Ⓗアヤナ エステート(→P14) 内
☎0361-702222 ㊕16～24時 ㊡なし ⒿⒺⒺ

断崖絶壁の特等席で オトナの時間を

1日本人ガラス作家、鳥毛清喜氏による美しいカウンター
2オリジナルカクテルはRp.20万～。おつまみはRp.10万～
3サンセットタイムの美しさは言葉を失うほど
4ピンクやオレンジに染まる空と海を眺めながら過ごしたい

ジンバラン｜MAP 別冊P14B3

ジンバラン・ビーチ・カフェ

Jimbaran Beach Cafe

リーズナブルな価格で地元の人にも人気があるイカン・バカールの老舗。その日に仕入れた魚介類のみを使用しており、ココナッツの殻を燃やして焼き上げる昔ながらの海鮮BBQを提供している。魚やエビなど定番料理がずらりと並ぶセットメニューがおすすめ。

DATA ㊝空港から車で10分
㊟Jl. Pemelisan Agung, Jimbaran
☎0361-703033
㊕10～23時 ㊡なし ⒺⒺ

地元の人と一緒に イカン・バカール体験

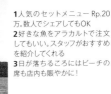

1人気のセットメニュー Rp.20万。数人でシェアしてもOK
2好きな魚をアラカルトで注文してもいい。スタッフがおすすめを紹介してくれる
3日が落ちるころにはビーチの席も店内も賑やかに！

これだけは食べたい！
ローカルごはん

インドネシアでおなじみのローカルフードは、
地元の人々も訪れるワルン(食堂)で。
初心者も入りやすい人気店はこちら

✧ インドネシア＆バリ料理 必食メニューはコレ！ ✧

数あるローカルフードのなかでも、
絶対に外せない定番メニューはこちらの4つ

スパイシーな
チキンカレー

ご飯は
ココナッツジュース
で炊くことも

ナシ・ゴレン
Nasi Goreng **C**

インドネシア版のチャーハン。具材は鶏肉
やエビが使われる事が多く、ブンブや醤油、
ケチャップマニスといった調味料で味付
けされる。付合せは店により異なる。

付合せが
にえびせんが
付くことも

ナシ・チャンプル
Nasi Campur **A**

白いご飯にさまざまなおかずを盛り
合わせたワンプレートディッシュ。い
ろいろな料理を少しずつ味わえるの
がうれしい。そのまま食べても、おか
ずと混ぜてから食べても美味。

ピリ辛の
サンバルソースは
好みで混ぜる

目玉焼きが
のるのが定番

A ウブド　MAP 別冊P18B2

カフェ・ワヤン＆ベーカリー
Cafe Wayan & Bakery

地元で有名な老舗カフェ

レストランやカフェとして使える人
気店。店内には熱帯植物が茂る広
い中庭があり、藁葺き屋根の小上
がり席が点在している。代表的なイ
ンドネシア料理やバリ料理のほか、
バリスイーツやコーヒーをはじめと
するカフェメニューも充実している。

インドネシア風クレープ
のダダールRp.3万5000

DATA ⊗サレン・アグン宮殿から徒歩
10分 ⊕Jl. Monkey Forest, Ubud
☎0361-975447 ⊕10～22時 ⊛な
し E E

靴をぬいでくつろげる小上がり席

バリ料理を少しずつ
味わえるバリニーズ・
スペシャルRp.14万5000

B スミニャック　MAP 別冊P11C1

パッ・マレン
Pak Malen

朝から賑わうバビ・グリンの老舗

創業30年以上のバビ・グリン専門店。
ローカルな雰囲気だがメニューはバ
ビ・グリンのみなので注文しやすい。
柔らかい豚肉を薄くスライスしている
のがこの店の特徴で、クセになるおい
しさ。

DATA ⊗オベロイ通り交差点から徒歩
10分 ⊕Jl. Sunset Rd. No.554, Seminyak
☎0851-00452968 ⊕8時30分～18時
⊛なし カード E E

地元のグルメサイ
トで注文数1位に
輝いた実力店

名物のバビ・グリン
Rp.4万。別皿でご
飯とスープが付く

おかずの注文は指差しでOK

インドネシアの食堂、ワルンって？

手頃な値段でローカルフードが味わえる気軽な食堂のこと。ご飯と、ショーケースの中のおかずを選び、自分好みのナシ・チャンプルを作れる店も多い。

カリカリに揚げた皮や薬味の野菜が味のアクセントに

ご飯はココナッツミルクで炊いたものやブラウンライスなども

骨をつまんで身を割きそのまま手づかみで！

バビ・グリン B
Babi Guling

バリ伝統料理を代表する豚の丸焼き。豚の腹に香草やスパイスを詰め、回転させながら焼き上げる。パリパリの皮とジューシーな肉、コクのある臓物など部位ごとに異なる味が楽しめる。

ベベッ・ゴレン D
Bebek Goreng

半身のアヒル肉をタレに漬け込み、油でカリッと揚げ焼きにしたウブドの名物料理。身の締まった肉は噛みしめるほどに旨みがあふれてくる。

C スミニャック | MAP 別冊P11C2

マデス・ワルン2
Made's Warung 2

老舗の味を気軽に楽しめる

30年以上の歴史をもつ老舗レストランの2号店。インドネシア料理を中心に多彩な各国料理を揃え、旅行者でも入りやすい。金・土・日曜のディナータイムは伝統舞踊のレゴンやバロンなど各種ショーも上演。ショーの演目は曜日により異なる。

ブラックライスプディングRp.2万5000などデザートも充実

DATA ⊗ディアナ・プラ通り交差点から徒歩3分 ⊕Jl. Raya Seminyak, Seminyak ☎0361-732130 ⏰10時～24時30分 ㊡なし E E

セミオープンエアの店内

ナシ・チャンプル・スペシャルRp.8万

D ウブド | MAP 別冊P18B3

ベベッ・ブンギル
Bebek Bengil

ウブドで評判のダック料理

数種類のスパイスに漬けたアヒルの半身肉を4時間ほど煮込み、ココナッツオイルで揚げたクリスピー・ダック(ベベッ・ゴレン)が名物。パリパリの皮と旨みが凝縮した肉が美味。

DATA ⊗サレン・アグン宮殿から車で7分 ⊕Jl. Hanoman Padang Tegal, Ubud ☎0361-975489 ⏰10～22時 ㊡なし E E

オープンエアーの店内は奥に細長く座敷席もある

クリスピー・ダックRp.16万4000。3種のサンバルと和え物が付く

海遊びを満喫
ビーチクラブ

バリ島で最近話題なのが、
海やプールで快適に遊べるビーチクラブ。
レストランやバーなどの施設が充実し、
一日中楽しめるのが魅力

リゾート内の
リッチな空間

1

ジンバラン ｜ MAP 別冊P14A4

スンダラ
Sundara

高級リゾート内にあり、ビーチとプールが
目の前に広がる贅沢なロケーションが自
慢。レストランのほか、アフタヌーンティー
やカクテルが楽しめるラウンジがある。キ
ッズクラブもあり、ファミリーにもおすすめ。

DATA ✈空港から車で15分
🏨フォーシーズンズ・リゾート・バリ・
アット・ジンバラン・ベイ(→P20)内
☎0361-708333 ⏰11時～翌1時 休なし
🈁🈀

🐾 Beach Club DATA
料金 デイベッド利用料Rp.98万(17時～はRp.60万)、
タオルのレンタル含む
施設 プール、レストラン、ラウンジ、シャワー、更衣室

1プール前のラウンジはオー
プンエリアの席を選べる
2プールサイドのデイベッド。
フードのオーダーも可能
3ビーチの目の前にあるプー
ル。キッズ用もスタンバイ
4オープンエリアの席から望
む海の眺めは格別

2

バリ伝統スタイルに安らぐ

1

ビーチクラブってナニ??

ビーチ沿いにプールや本格的なレストラン、バーなどを備えた施設のことで、日本で言う「海の家」の豪華バージョン。シャワールームや更衣室、貸しタオルなどを用意する施設もあり、快適に過ごせる。ホテルに併設するビーチクラブもあり、宿泊客以外でも利用可。

どうやって利用する?

海やプールで泳いだり、レストランやプールサイドのベッドで軽食やカクテルを楽しんだりなど、のんびりと過ごす人が多い。基本的に事前の予約は必要ないので、水着や着替えの用意をして直接施設へ。レストランやバーだけの利用もOK。

おすすめの時間帯は?

ビーチベッドやプールサイドベッドは早い者勝ちのところがほとんど。人気の施設やハイシーズンはオープンと同時に埋まってしまうこともあるので、早めに席の確保を。ロマンチックな夕暮れ時にバーでカクテルを楽しむのもおすすめ。

クロボカン | MAP 別冊P4B1

マリ・ビーチクラブ
Mari Beach Club

2022年3月にオープンしたバトゥビリン・ビーチ前のクラブ。ビーチベッド、チェア、バンガローなど14種類の中から席が選べる。バリの伝統的なブランコを使ったショーも開催される。

2

DATA 🚗オベロイ通り交差点から車で15分 📍Jl. Batu Belig No. 66, Kerobokan ☎0361-934766 🕐12〜22時(金〜日曜は〜23時) 休なし
ⒺⒺⓉ

1 全体がバリ島の地形をモチーフに作られている。パラソルには宗教行事で使われる「パユン」を使用 **2** 南国らしいカラフルなカクテルRp.5万5000〜

🏝 Beach Club DATA
料金 デイベッド利用の際はRp.80万以上のオーダーが必要
施設 レストラン、バー、プール

1 レストランは予約が必要 **2** プールサイドベッドの利用は時間制限がないのでのんびりできる **3** インドネシア料理を小皿料理のタパスで楽しめる

1

2

ビーチクラブの先駆け的存在

1 深夜まで賑わい、ナイトスポットとしても有名 **2** ビーチフロントのデイベッドは予約不可で早い者勝ち **3** モダンなバースペースも用意されている

1

2

クロボカン | MAP 別冊P12A3

ポテトヘッド・ビーチクラブ
Potato Head Beach Club

昼夜賑わう人気スポット

ビーチやプールサイドにはデイベッドが並び、人気レストラン・リリンのタパス料理やオリジナルカクテルを味わえる。音楽イベントが行われるなど、賑やかに楽しみたい人におすすめ。

DATA 🚗オベロイ通り交差点から車で10分 📍Jl. Petitenget No.51B, Seminyak ☎0361-4737979 🕐9〜24時(土・日曜は〜翌2時) 休なし
ⒺⒺⓉ

3

スミニャック | MAP 別冊P10A1

3

クーデター
KU DE TA

スミニャックエリアを代表する人気スポット。インターナショナル料理の有名レストランやバーを併設する。ビーチフロントのデイベッドはRp.100万〜(6〜9月のみ)、レストランのメニューやカクテルをオーダーして過ごそう。

DATA 🚗ディアナ・プラ通り交差点から車で10分 📍Jl. Kayu Aya No.9, Seminyak ☎0361-736969 🕐8〜24時(土・日曜は〜翌1時) 休なし ⒺⒺ

🏝 Beach Club DATA
料金 無料 施設 レストラン、バー

🏝 Beach Club DATA
料金 デイベッドを利用の際はRp.50万以上のフードオーダーが必要(ビーチフロントはRp.100万以上)、タオルのレンタル含む
施設 プール、レストラン、バー、シャワー

おすすめ とっておきレストラン

🍴 食べる | スミニャック　　　MAP 別冊P13D3

ボーイ・アンド・カウ
BOY'N'COW

エッジイな空間で熟成肉ステーキ

オーストラリアやアメリカ、日本など各地から厳選した牛肉を店内の熟成庫で寝かせたステーキを提供。ステーキや前菜、サイドディッシュはいずれもボリューム満点で、複数人でシェアできる。

DATA ⊗オベロイ通り交差点から徒歩2分 ⊕Jl. Raya Kerobokan No.138, Seminyak ☎0361-9348468 ⊕12〜23時 ㊡なし ㊞国园Rp.100万〜 Ⓔ Ⓔ

吹き抜けの店内。オープン後すぐに満席になる

プライム・ポーターハウスRp.170万、トマホークRp.210万などが人気

🍴 食べる | ヌサドゥア　　　MAP 別冊P5C4

コラル・レストラン
Koral Restaurant

まるで海中にいるような幻想空間

バリ島初のアクアリウムレストラン。熱帯魚をガラス越しに眺めながら食事を楽しめる。料理はミシュランのスターシェフらが手掛けるガストロノミックなシーフードフュージョン。

DATA ⊗メイン・ゲートから車で10分 ⊕ジアプルヴァ ケンピンスキ バリ（→P22）内 ☎0361-2092288 ⊕12時〜22時30分 ㊡なし ㊞国园Rp.100万〜 Ⓙ Ⓔ Ⓔ Ⓣ

ブルークラブにエディブルフラワーをあしらった前菜。4品のコースRp.105万のひと品

地下1階にある店内はガラス張りで熱帯魚が泳ぐ

🍴 食べる | ギャニアール　　　MAP 別冊P3C4

マサ・マサ
MASA MASA

プラナカン文化を体感できる

中国とインドネシア、オランダ、アラブの食文化をミックスしたプラナカン料理を提供。スマトラ島パレンバンから移築した1850年代の邸宅を利用しており、東西文化の粋を感じさせる空間で食事が楽しめる。

DATA ⊗サヌールから車で30分 ⊕Jl. Subak Telada I No.9, Ketewel ☎0817-9763624 ⊕9〜22時 ㊡なし ㊞国园Rp.10万〜 Ⓙ Ⓔ Ⓔ

酸味が特徴のスープ麺、アッサム・ラクサRp.5万5000

中国系とアラブ系の2棟の歴史建築を利用している

🍴 食べる | ヌサドゥア　　　MAP 別冊P15A4

アート・カフェ・ブンブ・バリ
Art Cafe Bumbu Bali

伝統的なバリ料理を堪能

木造りのクラシカルな店内で、ていねいに作られた本場のバリ料理が味わえる。おかずを小鉢で盛り付けたナシ・チャンプルをはじめ、バリ風おにぎりともいえるナシ・クチンRp.7万などが人気。

DATA ⊗メイン・ゲートから車で5分 ⊕Jl. Siligita Selatan No.101C, Nusa Dua ☎0361-772344 ⊕11〜16時、18〜22時 ㊡なし ㊞国园Rp.10万〜 Ⓔ Ⓙ Ⓔ

オープンエアーのテーブル席。エアコン席や個室も

ナシ・チャンプルセット1人前Rp.14万が看板メニュー

¶¶ 食べる │ スミニャック 　　 MAP 別冊P10B3

サンセット・オン・スミニャック
Sunset on Seminyak

サンセットの美景もごちそう

オンザビーチのラグジュアリーホテル、アナンタラ・スミニャックのメインダイニング。夕日を望むテラス席でロマンティックディナーを楽しみたい。 DATA ⊗ディアナ・プラ通り交差点から徒歩15分 ⊕Ｈアナンタラ・スミニャック・バリ・リゾート(→P118) 内 ☎0361-737773 ⊕7～23時(ディナーは18時～) ㊡なし ㊗Rp.40万～ 圖Rp.50万 ⒺⒺ⑦

¶¶ 食べる │ ウブド 　　 MAP 別冊P17A3

カフェ・ポメグラニット
Café Pomegranate

マウンテンビューの開放的なカフェ

360度に広がる静かな棚田風景の中に佇むテント型のカフェ。メニューはウッドオーブンで焼き上げる自家製のチキンピザRp.7万8000などがおすすめ。昼間はのどかな田園風景の向こうにアグン、バトゥールなどの山脈を見渡しながら食事ができる。 DATA ⊗サレン・アグン宮殿 から徒歩20分 ⊕Jl. Subak Sok Wayah, Ubud ☎0878-60803632 ⊕9～21時 ㊡なし ㊗圖Rp.7万～ 圖Rp.10万～ ⒺⒺ

上：七種盛合せRp.7万2000
下右：シンガポール風ワンタン麺とチキンスープRp.7万5000
下左：山々を望む外側のシートが狙い目

¶¶ 食べる │ クロボカン 　　 MAP 別冊P13C1

バルバコア
Barbacoa Restaurant Bali

**アメリカンな店内で楽しむ
スパイシーなバーベキュー料理**

"バルバコア"はバーベキューのことで、ラテンアメリカ料理がベースの創作料理の店。お酒が進むスパイシーな味付けの料理が多く、おすすめは8時間かけてローストするアサド・ポークRp.25万。 DATA ⊗オベロイ通り交差点から車で5分 ⊕Jl. Petitenget No.14, Kerobokan ☎0361-739233 ⊕17時30分～24時 ㊡なし ㊗圖Rp.25万～ ⒺⒺ

上：田園風景を望むテラス席はランチにおすすめ
下：朝から8時間ローストするアサド・ポーク

¶¶ 食べる │ レギャン 　　 MAP 別冊P8A1

タオ・ビーチハウス&ルーフトップ・バー
Tao Beach House and Rooftop Bar

カクテル片手に眺めるルーフトップからの夕暮れ

レギャン・ビーチ沿いに立つホテル内にあるビーチハウス兼ダイニング。新鮮な野菜をたっぷり使った、タイ料理やベトナム料理、マレー料理など東南アジアの味を堪能することができる。レギャン・ビーチに沈む夕日を眺めながらの食事はリゾート気分を盛り上げてくれる。 DATA ⊗パドマ通り交差点から徒歩15分 ⊕Jl.Pura Bagus Teruna Legian Ｈラマダ・カマキラ・バリ・リゾート内 ☎0361-752877 ⊕6時30分～23時 ㊡なし ㊗圖Rp.14万～ ⒺⒺ

左上：前菜メニューはRp.7万5000～ 左下：夕暮れから早めのディナーも
右：ルーフトップバー

インドネシア & バリ料理

🍴 食べる │ クロボカン　　　　　MAP 別冊P13C1

ミー・ドゥラパン・ドゥラパン
Mie 88

お手軽ランチはここで

もちもちの玉子麺が自慢のインドネシア版ラーメン、ミー・クアRp.4万6000が人気の店。野菜もたっぷり入り、ランチにぴったり。麺はビーフンやきしめんにも変更できる。

DATA ⊗オベロイ通り交差点から車で5分 ⊕Jl. Petitenget No.8A, Kerobokan ☎0361-739014 ⊕9〜22時 ⊛なし ㊙屋図Rp.4万〜 ⒺⒺⒿ

風通しのいい店内。奥には田んぼの眺めが広がる

鶏肉と生サンバルのラーメン、ミー・アヤム・サンバル・マタRp.5万2000

🍴 食べる │ クロボカン　　　　　MAP 別冊P12B3

バンブー
Bambu

インドネシアの名物料理が勢揃い

ジャワ伝統のジョグロという家屋を用いた店内は、洗練と伝統が合わさったエキゾチックで上質な空間。池に囲まれたオープンエアのテーブル席は心地よい風が通り抜け開放感たっぷり。インドネシア全土の美食をラインナップしており、すべてのメニューで辛さを自在に調節してくれる。

DATA ⊗オベロイ通り交差点から車で5分 ⊕Jl. Petitenget No.198, Seminyak ☎0361-8469797 ⊕18〜24時 ⊛なし ㊙図Rp.20万〜 ⒺⒺ㊦

左：牛肉がやわらかくジューシーなサピ・メセレ・バリRp.26万8000
右：オープンエアの席

🍴 食べる │ クロボカン　　　　　MAP 別冊P13D4

サンバル・シュリンプ
Sambal Shrimp

エビづくしのスパイシーメニュー

インドネシア沖で豊富に獲れる、新鮮なエビを使った料理が味わえるレストラン。インドネシアのスパイスやハーブでアレンジした料理はどれも絶品。エビ料理のほか、各種魚介料理やナシ・ゴレンなどもある。

DATA ⊗オベロイ通り交差点からすぐ ⊕Jl. Kayu Aya No.6 Lt.2, Kerobokan ☎0878-46221700 ⊕11〜23時 ⊛なし ㊙屋図Rp.25万〜 ⒺⒿⒺ

上：オープンテラスの席
下：さまざまにアレンジしたエビ料理が楽しめる

🍴 食べる │ スミニャック　　　　　MAP 別冊P12B4

ワルン・ニア
Warung Nia

本格的なバリ料理を手軽に楽しめる

人気メニューは店頭で焼き上げるポークリブ。焼きたてのポークリブにサテ、野菜のココナッツ和え、2種類のご飯など盛りだくさんなセット、バリニーズ・リスタフェル・ウィズ・ポークリブはRp.27万5000（2人分）。鶏やエビなどのバーベキュー料理Rp.10万〜も人気。

DATA ⊗オベロイ通り交差点から徒歩15分 ⊕Jl. Kayu Aya,Kayu Aya Square 19-21, Seminyak ☎0877-61556688 ⊕11〜22時 ⊛なし ㊙屋図Rp.10万〜 ⒺⒺ

上：カユアヤ・スクエア内にある
下：バリニーズ・リスタフェル・ウィズ・ポークリブ

🍴 食べる｜タンジュン・ブノア　　MAP 別冊P15B2

スク
Suku

上品なホテルダイニング

バリ、インドネシア、アジアをミックスした料理の数々を、プールを見渡す開放的なロケーションで楽しむことができるレストラン。おすすめは魚や肉のサテが添えられたナシ・ゴレンRp.22万など。

DATA ⊗メイン・ゲートから車で10分　🏠コンラッド（→P117）内　☎0361-778788　🕐7時〜10時30分、12〜17時、18時〜21時30分　休なし　圏Rp.90万〜　E E 🈂

上：ナシ・ゴレン。辛さ控えめで日本人の口にも合う　下：プールサイドのテーブル席が人気

🍴 食べる｜ウブド　　MAP 別冊P18B1

カフェ・ロータス
Cafe Lotus

人気の老舗レストラン

ウォーター・パレス（→別冊P23）のハス池に面してテーブルや座敷席が並ぶバリ料理のレストラン。金曜以外の夜19時30分から伝統舞踊のショーが開催され、食事とともに楽しむことができる。

DATA ⊗サレン・アグン宮殿から徒歩1分　🏠Jl. Raya Ubud, Ubud　☎0361-975660　🕐9時30分〜23時　休なし　圏圏Rp.17万〜　E E

名物料理を盛り合わせたバリニーズ・リスタフェルRp.35万5000(2人前)

夜のショー開催時は観賞料1人Rp.10万がかかる

🍴 食べる｜クタ　　MAP 別冊P14B1

ニュー・プレンクン
New Plengkung

地元客で賑わう人気の店

ローカルグルメが軒を連ねるラヤ・クタ通りにある老舗。ジャワ出身のオーナーが手がけるインドネシア各地の家庭料理が並ぶ。鶏肉料理は胸肉かもも肉かを選べ、メニューによって地方独特のサンバルが付く。デザートも豊富で人気はフルーツポンチのエス・クワニーがRp.2万。

DATA ⊗ベモ・コーナーから車で5分　🏠Jl. Raya Kuta No.90, Kuta　☎0361-757393　🕐11〜22時　休なし　圏圏Rp.5万5000〜　E E

上：エアコン席もある
下：白身魚をサクサクに揚げたグラミ・リチャRp.7万〜

🍴 食べる｜スミニャック　　MAP 別冊P11C2

ワルン・タマン・バンブー
Warung Taman Bambu

バリエーション豊富なデリスタイル

辛くないマイルドな味付けで、日本人の口に合うジャワ系ワルン。毎日作り立てのおかず約30種類がショーケースに並ぶ。注文は好きなおかずを指差して伝え、ご飯に盛り付けてもらうナシ・チャンプル方式。値段はおかずの種類と品数で計算され、おかず5品でRp.5万くらいが目安。

DATA ⊗ディアナ・プラ交差点から徒歩2分　🏠Jl.Plawa No.10A, Seminyak　☎0818-349539　🕐11〜20時　休隔週日曜　圏圏Rp.5万〜

上：おかずは見て選べるのがいい
下：好きなおかずが選べるナシ・チャンプル。野菜も豊富に摂れてバランスのよい1皿

おすすめ

各国料理

🍴 食べる ｜ クロボカン　　　　　MAP 別冊P13C1

ラ・バラッカ
La Baracca

本場イタリアンをカジュアルに

廃材を利用した店内はカジュアルながら、おしゃれさ満点。イタリア出身のオーナーがこだわるのは、本場に負けない正統派の料理。注文が入ってから焼き上げるピザや店内で手作りするパンなどが名物。

DATA ⊗オベロイ通り交差点から車で5分 ⊕Jl. Petitenget No. 17D, Seminyak ☎0819-91632091 ⊕12〜24時 ⊛なし ㉺圓圏Rp.15万〜 Ｅ Ｅ

夜はすぐに満席になるので早めに行くのがおすすめ

イタリア産チーズたっぷりのピザ・ブッラータRp.12万5000は絶品！

🍴 食べる ｜ ジンバラン　　　　　MAP 別冊P14B4

カッツ・キッチン
Kat's Kitchen

客足が絶えない実力派タイ料理店

在住外国人の間で根強く支持されているタイ料理の人気店。タイ東北部イサーン地方の家庭料理がメインだが、チキンカレーやトムヤムクンRp.6万など定番のタイ料理も味わえる。

DATA ⊗空港から車で20分 ⊕Jl. Raya Uluwatu No.2, Jimbaran ☎0361-704279 ⊕9〜21時 ⊛なし ㉺圓圏Rp.5万〜 Ｅ Ｅ

左：パネンやパッタイなど定番のタイ料理が揃う　右：連日満席の人気ぶり

🍴 食べる ｜ ヌサドゥア　　　　　MAP 別冊P5C4

ザ・ビーチ・グリル
The Beach Grill

ビーチを眺めながら極上グルメを満喫

昼間は目の前のブルーラグーンの海の眺めを、夜はキャンドルが灯るロマッチックな空間を楽しめる、ラグジュアリーダイニング。美しく盛り付けられた料理は、魚介のグリルやパスタなどバラエティ豊かなラインナップ。

DATA ⊗メイン・ゲートから車で12分 ⊕ザ・リッツ・カールトン・バリ（→P107)内 ☎0361-8498988（リゾート代表) ⊕12〜22時 ⊛なし ㉺圓圏40万〜 ＪＥＪＥ

上：ビーチが目の前という好ロケーション
下：エビがたっぷりのったブラウン・スパゲッティRp.28万8000

🍴 食べる ｜ クタ　　　　　MAP 別冊P6B1

デサ・メキシコ
Desa Meksiko

カラフルな内装が人気のメキシカン

ポピーズⅡ通りの路地にあるレストラン。ナチョスやタコスなど定番のメキシコ料理が豊富に揃う。壁に描かれたペイントはもちろん、カラフルで派手な装飾が店を彩り、撮影スポットとしても人気がある。

DATA ⊗ベモ・コーナーから徒歩10分 ⊕Jl. Poppies Ⅱ No.19, Kuta ☎0819-07901618 ⊕11〜23時 ⊛なし ㉺圓圏Rp.10万〜 Ｅ Ｅ

チキンをトッピングしたナチョスRp.10万

メキシコ感満載のポップな店内

おすすめ シーフード

🍴 食べる ｜ ジンバラン 　　　 MAP 別冊P14B4

メネガ・カフェ
Menega Café

海鮮焼きにかぶりつき！

ジンバランのイカン・バカールの中でも人気を誇る一軒。名物の海鮮焼きはセットメニューのほか、量り売りでも購入することができる。サンセットタイムに合わせて訪れるのもおすすめだ。

DATA ⊗空港から車で20分 ⊕Jl. Four Seasons Resort Muraya Beach, Jimbaran ☎0361-705888 ⊕11〜22時 ㊡なし ⊕圏圏Rp.20万〜 ⊞Ｅ

左：セットメニューはRp.19万5500〜
右：沈む夕日を眺められる人気のディナースポット

ジンバランのイカン・バカール

高級リゾートエリアとして知られるジンバランで、人気を集めているのが、ジンバラン・ビーチの屋台村イカン・バカールだ。十数軒の店が軒を並べ、主にシーフードグリルを中心にした料理を出している。おすすめは夕暮れ時。夕日と空港を離着陸する飛行機の灯火が美しい。

DATA ⊗空港から車で10分 ⊕9〜23時ごろ（店によって異なる） ㊡なし MAP 別冊P14B3

左：近くの浜辺に新鮮な魚介類が水揚げされる　右：ヤシの実の殻で焼く魚の香ばしい匂いに誘われる

🍴 食べる ｜ クタ 　　　 MAP 別冊P6B1

コリ
Kori

美しい庭園を望みながら豪華なシーフードを

噴水や蓮池を配した美しいバリスタイルの庭園を望みながら、優雅に食事が楽しめる。シーフードのグリル料理が自慢で、こんがりと焼き色が付いた魚介の串焼き、ジャイアント・シーフード・スキュワーRp.31万などがおすすめ。ボリュームも満点だ。

DATA ⊗ベモ・コーナーから徒歩15分 ⊕Jl.Legian Gang Poppies II, Kuta ☎0361-758605 ⊕10〜23時 ㊡なし ⊕圏圏Rp.10万〜 Ｅ

上：店内には緑に囲まれた藁葺き屋根の小上がり席も
下：チリクラブなどアジア風魚介料理も

🍴 食べる ｜ ジンバラン 　　　 MAP 別冊P14A4

ロッカ・シー・ハウス
Locca Sea House

180度オーシャンビューのビーチクラブ

広大な敷地にインフィニティプール、サンセットデッキなどが用意されたビーチクラブのダイニング。雄大なインド洋を見渡しながら、料理やカクテルRp.13万5000〜をカジュアルに楽しめる。

DATA ⊗空港から車で20分 ⊕Jl. Jimbaran Hijau Segara Tegalwangi, Jimbaran ☎0812-68888681 ⊕11〜23時 ㊡なし ⊕圏圏Rp.50万〜 Ｅ

大きなインフィニティプール。バーもある

シアド・サーモン・トリュフ・クリームRp.27万など

ローカル食堂
おすすめ

🍴 食べる ｜ ウブド周辺 ｜ MAP 別冊P17A3

イブ・マンクー
Ibu Mangku

ナシ・アヤムの専門店

小さな食堂からスタートした老舗。ウブドの中心部からは少し離れているが、昼時にはわざわざ遠くからも客が集まる。ご飯に各種チキンのおかず、煮玉子、野菜の和え物が盛付けられたナシ・アヤム・チャンプルRp.2万8000が看板料理。

DATA ⊗サレン・アグン宮殿から車で10分 ⊕Jl. Raya Kedewatan, No.18, Kedewatan ☎0361-974795 ⊕7〜21時 ⊛なし ⊕Rp.3万〜 ⓔⒺ

上：ウブド中心部から西へ3kmほどのクデワタン地区にある家庭的な店
下：少し辛めのナシ・アヤム・チャンプル

🍴 食べる ｜ スミニャック ｜ MAP 別冊P11C1

ワルン・ワハハ
Warung Wahaha

カフェ感覚で利用できる

中庭が設けられた広々とした店内はワルンといってもカジュアルなカフェレストランのよう。名物は甘いソースでボリューム満点のワハハ・ポークリブRp.19万8000（ハーフはRp.12万8000）。ホロリとはがれるほど柔らかな肉にからむソースが絶品。

DATA ⊗ディアナ・プラ通り交差点から徒歩13分 ⊕Jl. Sunset Road Barat No.1689, Seminyak ☎0361-8475655 ⊕11時〜22時30分 ⊛なし ⊕Rp.15万〜 ⓔⒺ

上：店内はゆったりとテーブルが配されている
下：大人気の名物料理、ワハハ・ポークリブ

🍴 食べる ｜ サヌール ｜ MAP 別冊P16B1

ワルン・マック・ベン
Warung Mak Beng

激辛サンバルで食す魚フライ

1941年の創業時からメニューはイカン・ゴレン＆スップ・イカンとご飯のセットRp.5万5000のひとつだけ。イカン・ゴレンは白身魚のフライで、店特製の激辛サンバルをつけて食べるとやみつきに。魚スープ、スップ・イカンとの相性も抜群だ。

DATA ⊗コミュニティセンターから車で8分 ⊕Jl.Hang Tuah No.45, Sanur ☎0361-282633 ⊕8〜22時 ⊛なし ⊕Rp.5万5000〜 ⓔⒺ

上：ビーチにも近い立地
下：辛いが旨みのあるサンバルソースでご飯もすすむ。スップ・イカンにはキュウリが入る

🍴 食べる ｜ クロボカン ｜ MAP 別冊P12B2

ワルン・エニー
Warung Eny

家族経営のアットホームな食堂

伝統的なバリ料理を味わえる食堂。なかでもシーフード料理や店の外にあるかまどで焼くグリル料理が評判。辛味調味料のサンバルはRp.5000〜で追加するスタイルなので、辛い料理が苦手な人も安心。

DATA ⊗オベロイ通り交差点から車で8分 ⊕Jl. Petitenget No.97, Kerobokan ☎0361-47346892 ⊕8〜23時 ⊛なし ⊕Rp.7万〜 ⓔⒺ

木のテーブルが並ぶカジュアルな店内

イカン・ゴレン・サンバル・ケチョンブランRp.6万5000

おすすめ

カフェ

🍴 食べる │ ウブド　　　MAP 別冊P18B1

アノマリ・コーヒー
Anomali Coffee

インドネシア各地のコーヒーを厳選

国内各地のコーヒー農園へ直接足を運び、豆の品質を熟知する専門店。豆の性質によって専任のバリスタが淹れ方をアドバイス。

DATA ⊗サレン・アグン宮殿から徒歩5分 ⊕Jl. Raya Ubud, No88, Ubud ☎0361-972263 ⊕7〜22時 ⊛なし ⊕圏圏Rp.2万6000〜 ⊑⊑

🍴 食べる │ クタ　　　MAP 別冊P7D3

ジェイ・コー・ドーナッツ＆コーヒー
J. Co Donuts & Coffee

ドーナッツでひと休み

インドネシア国内で人気を博すドーナッツのチェーン店。店内のオーブンから作りたてが並び、定番のチョコやバナナクリームなどメニューのラインナップは20種類以上。テイクアウトはもちろん、イートインスペースもある。

DATA ⊗ベモ・コーナーから車で10分 ⊕モル・バリ・ギャレリア・クタ（→P71）内 ☎0361-767025 ⊕10〜22時 ⊛なし ⊕圏圏Rp.1万〜 ⊑⊑

上：モール内の店舗
下：ドーナッツRp.9500〜。ナッツやチョコレートコーティングなど種類豊富

🍴 食べる │ クロボカン　　　MAP 別冊P12B3

ザ・ファット・タートル
The Fat Turtle

キュートなスイーツ＆ドリンク

ビーツを使ったピンク色のパンケーキRp.7万5000や、カフェラテなどは見た目の可愛さはもちろん味も抜群！レトロ風な店内もおしゃれ。

DATA ⊗オベロイ通り交差点から車で5分 ⊕Jl.Raya Petitenget No.886A, Kerobokan ☎089-98912127 ⊕9〜17時 ⊛なし ⊕圏圏Rp.5万〜 ⊑⊑

🍴 食べる │ クロボカン　　　MAP 別冊P12B4

シスターフィールズ
Sisterfields

野菜中心のヘルシーカフェ

カジュアルなダイナーをイメージした店内には、大きなショーケースに野菜たっぷりのこだわりデリがずらりと並ぶ。ブルーベリーなどベリー類がたくさん入ったアサイー・ベリー・ボウルRp.11万が人気。

DATA ⊗オベロイ通り交差点から徒歩15分 ⊕Jl. Kayu Cendana No.7, Seminyak ☎0811-13860507 ⊕7〜22時 ⊛なし ⊕圏圏Rp.10万〜 ⊑⊑

🍴 食べる │ ウブド　　　MAP 別冊P18B2

アットマン・カフェ
Atman Kafe

いつも賑わうヘルシーカフェ

ハノマン通りを望むカウンター席でくつろげる人気カフェ。健康志向のメニューが充実し、定番はアボカドたっぷりのトーストRp.5万1000や、ヘルシージュースブレンドRp.5万1000など。

DATA ⊗サレン・アグン宮殿から徒歩10分 ⊕Jl. Hanoman No.38, Padang Tegal, Ubud ☎0851-00620505 ⊕7〜23時 ⊛なし ⊕圏圏Rp.7万〜 ⊑⊑

おすすめ

ナイトスポット

🍴 食べる ｜ サヌール ｜ MAP 別冊P16B2

ショットガン・ソーシャル
Shotgun Social

多彩なクラフトビールが楽しめる

高い天井と派手な壁画が目を引く話題のビアガーデン。インドネシア産をはじめ、世界各国のクラフトビールが味わえる。つまみになるフードメニューも充実している。

DATA ⊗コミュニティセンターから車で10分 🏠Jl. Pantai Sindhu No.11, Sanur ⏰9～23時 休なし 🍷屋E Rp.5万～ EE

5種のビールを試飲できるビアフライトRp.7万5000

開放的な店内。芝生の庭には遊具もあり、子連れ客にも人気

🍴 食べる ｜ スミニャック ｜ MAP 別冊P10B4

ダブルシックス・ルーフトップ
Double Six Roof Top

クタ湾を見下ろす絶景自慢のバー

ビーチの目の前に立つホテル最上階のルーフトップバー。サンセットタイムが最も人気の時間帯で、夜はクラブとして賑わう。見た目も美しいカクテルは各種Rp.12万～。

DATA ⊗ディアナ・プラ通り交差点から車で5分 🏠Double Six Beach No.66, Seminyak 🏠ダブルシックス・ラグジュアリー・ホテル・スミニャック内 ☎0361-734300(リゾート代表) ⏰17～23時 休なし 🍷屋Rp.20万～ EE

上：多彩に揃うカクテル
下：くつろぎながらオーシャンビューを堪能できる

🍴 食べる ｜ クロボカン ｜ MAP 別冊P13C4

レッド・カーペット
Red Carpet

昼飲みOKのシャンパンバー

オランダ人オーナーが気軽に食前や食後酒を楽しんでもらいたいとオープンしたシャンパンバー。有名銘柄をずらりと揃えたシャンパンはボトル売りが基本だが、グラス売りも数種類を用意。ストロベリー・マルゲリータRp.11万5000などカクテルも。

DATA ⊗オベロイ通り交差点から徒歩5分 🏠Jl. Kayu Aya No.42, Seminyak ☎0361-9342794 ⏰13時～翌4時 休なし 🍷屋 Rp.30万～ EE

🍴 食べる ｜ クロボカン ｜ MAP 別冊P12A2

ウー・バー
Woo Bar

DJプレイに耳を傾ける

地下にダンスフロアのあるスタイリッシュなバー。オンザビーチのソファ席が人気。マルゲリータピザRp.17万など軽食メニューも揃う。

DATA ⊗オベロイ通り交差点から車で10分 🏠Wバリ・スミニャック(→P117)内 ☎0361-4738106 ⏰10時～翌1時(金・土曜は～翌2時) 休なし 🍷屋 Rp.11万5000 ～ EE

🍴 食べる ｜ サヌール ｜ MAP 別冊P16A4

バンブー・バー
Bamboo Bar

ビーチフロントの竹製バー

サヌールのビーチに面したダイニング・バー。アラックベースのフローズンブルーRp.12万など、オリジナルカクテルが楽しめる。潮風に揺れるスイングチェアーが名物。

DATA ⊗コミュニティセンターから徒歩10分 🏠Jl. Cemara, Sanur 🏠プラマ・サヌール・ビーチ・ホテル・バリ内 ☎0361-288011 ⏰11～23時 休なし 🍷屋 Rp.15万～ EE

ショッピング

Shopping

バリ島の旅の楽しみのひとつがお買い物。

リゾートファッション、バリ雑貨、

ナチュラルコスメ…。マストバイを一挙紹介！

カワイイがいっぱい マストバイ♥アイテム

リゾートファッション

日本のセレクトショップにもお目見えしているバリブランド。
バリ島滞在中から日本に帰国後もヘビロテ必至の
ファッションアイテムをまずはチェック♪

シルエットがかわいいトップス
Rp.34万5000とホワイトのショ
ートパンツRp.52万5000 Ⓐ

バティック柄のシックな
ワンピースRp.67万5000。
透け感がポイント Ⓑ

Ⓔ 甘いシルエットの
ワンピースは
胸元が大きく開いた
開放的なデザインRp.39万

Ⓐ 華やかなゴールドが
リゾート気分を盛り上げてくれる
サンダルRp.59万5000

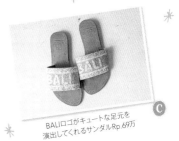

BALIロゴがキュートな足元を
演出してくれるサンダルRp.69万 Ⓒ

Ⓐ スミニャック　MAP 別冊P12B4

アスマラ
Asmara

バティックやイカッ
トなどバリ島伝統
の染物や織物を取
り入れたブランド。
ワンピースやバッ
グ、サンダルなどア
イテムの種類が豊
富。

DATA ⊗オベロイ通り交差点から徒歩10分
⊕Jl. Kayu Cendana No.2A, Seminyak
☎0877-59908128 ⊛9～21時 Ⓔ

Ⓑ スミニャック　MAP 別冊P12B3

バリ・ボート・シェッド
Bali Boat Shed

カラフルなリゾート映
えするドレス、アクセサ
リー、水着が充実する
セレクトショップ。ここ
で買物をすると2階に
併設されたカフェの利
用料が22%オフに。

DATA ⊗オベロイ通り交差点から徒歩20分
⊕Jl. Kayu Aya No.23A, Seminyak
☎081-999574414 ⊛8時～21時45分
⊛なし Ⓔ

Ⓒ スミニャック　MAP 別冊P13D3

トコ・エンポリウム
Toko Emporium　DATA →P27

カラフルなカゴバッグが人気の店。そのほ
かにも店内にはオブジェやインテリア雑
貨など、インパクトのある商品が多数。

Ⓓ クタ　MAP 別冊P6A3

ビラボン
Billabong　DATA →P38

クタ・スクエアにあるサーフブランド店。
機能性にこだわったサーフアイテムはサー
ファーにも大人気。

リゾート映え間違いなしの
ピンク色のキャミワンピRp.120万 G

G 着心地のいい肌ざわりの
ロングワンピースRp.55万

H ワンピース(左) Rp.92万と
ネックレスRp.16万～、
子ども用ワンピRp.36万～

ペイズリーの派手柄も
こんなシルエットならキュート。E
ミニワンピースRp.29万

オリジナルデザインの
チューブトップRp.47万5000。B
柄違いも豊富

カットソー Rp.50万5000。
後ろの丈が長くなっているのが H
ポイント

ターコイズブルーのビーズが
足元を彩るサンダル F
Rp.55万5000

花柄がキュートなビーチサンダル
Rp.19万9000。D
リゾート気分に！

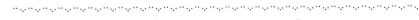

バリ雑貨

定番のアタやバティックから、陶器、インテリア雑貨まで、洗練されたデザインがどんどん増えて日々進化中のバリ雑貨。かわいくてお手頃価格のアイテムをセレクトしました♪

ほっこりなごむアタ製品
ATA

インドネシアに生息するシダ植物「アタ」のツルを編んだ伝統工芸品は、南国らしさたっぷり！

お菓子や果物をのせるのにぴったりな直径16cmのトレイRp.10万

シックな黒のバッグRp.34万5000。中にはバティックの布が縫い付けてある A

蓋付きで小物をいろいろ収納できる丸型ボックスRp.50万 A

フタ付きの小物入れRp.25万 A

編み目からポプリが香る、持ち手つきのポプリケースRp.10万 A

ハイセンスな陶器が有名
POTTERY

高級リゾートやレストランで見かける陶器は、実はバリ島で作られているものがほとんど。

人気のフランジバニ・コレクション。大Rp.29万、中Rp.24万、小Rp.9万 C

模様を大きくデザインしたラウンドプレート各Rp.36万5000〜 B

使い勝手のいいスモールサイズのボウル。柄違いも豊富 Rp.30万〜 B

フランジバニの箸置きは色違いもあるRp.6万 C

A ウブド　MAP 別冊P18B2

アシタバ
Ashitaba

バリ島各地に支店があるアタ製品の有名店。バティックの裏面を貼った大型のカゴバッグや豊富な品揃えが魅力。

DATA ⊗サレン・アグン宮殿から徒歩10分
⌖Jl.Monkey Forest No.92, Ubud
☎0361-971922 ⏰9〜21時 休なし E

B ウブド　MAP 別冊P18B2

クバラ・ホーム
Kevala Home

バリ島の伝統を生かした現代的なデザインが特徴の陶器の店。商品はデンパサールにある工場で職人によって手作りされている。
DATA ⊗サレン・アグン宮殿から徒歩10分
⌖Jl. Dewi Sita, Ubud
☎0361-4792532 ⏰9〜21時 休なし E

C ジンバラン　MAP 別冊P14B4

ジェンガラ・ケラミック
Jenggala Keramik Bali　DATA →P70

日本にも支店があるジェンガラ陶器は、ため息が出てしまうほどの美しさ。アウトレット店（→P70）もある。

独特の風合いのバティック
BATIK

ろうけつ染めのこと。
今は安価な機械プリントのものが多く、
昔ながらの手染めのものは高価。

D かわいいモンキーの
ぬいぐるみは
色違いで欲しくなる！
各Rp.20万5000〜

D シュシュは柄や色が豊富
コットン製のものはRp.2万
5000

F アースカラーで大人の雰囲気な
ショルダーバッグRp.56万

F コットンを使った
リバーシブルバッグは
日本人に人気
Rp.34万

F 手触りのいい
柔らかな素材の
スカーフ
各Rp.49万5000

手頃なインテリア雑貨
INTERIOR

バリ島は天然素材を使った
インテリア雑貨の宝庫。
在住外国人経営のショップは
センスの良いものが揃う。

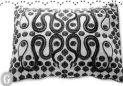

G ヘビ柄がエキゾチ
ックなクッション
Rp.39万5000

G 貝殻の籐製ボッ
クスは南国風の
かわいいデザイン
Rp.24万5000

バリ島らしいデザインが
豊富なお香立て各Rp.5万

E

G ビーズがぜいた
くに使われた小
物入れ
各Rp.15万

E 貝殻とビーズを
あしらった竹製の
ボックスは3個
セットRp.55万

D スミニャック　｜MAP｜別冊P13D4

ルーシーズ・バティック
Lucy's Batik

バティックとイカ
ット（インドネシア
絣）がズラリと並
ぶ、インドネシア
人女性オーナー
の店。生地を選ん
で服のオーダーメイドも可能（所要3日）。
DATA ⊗オベロイ通り交差点から徒歩3分
⊕Jl. Raya Basangkasa No.88, Seminyak
☎0851-00951275
⊕10〜19時　㊡なし　Ｅ

E スミニャック　｜MAP｜別冊P12B4

フェロン
Fern

センスの良いイン
テリア雑貨が揃う
と評判。バリ島の
植物や動物をモ
チーフにしなが
ら、モダンなデザ
インにアレンジしたアイテムが人気。
DATA ⊗オベロイ通り交差点から徒歩15分
⊕Jl. Kayu Cendana No.2A, Kerobokan
☎0819-99661500
⊕9〜21時　㊡なし　Ｅ

F ウブド　｜MAP｜別冊P18B2

ピテカン・トロプス
Pithecan Thropus　　**DATA** →P33

上質なバティックを取り扱うバティック専
門店。プリント、手染め、アンティークの
生地から、服、小物までセンスがいい。

G スミニャック　｜MAP｜別冊P13D4

メルクレディ
Mercredi　　**DATA** →P26

フランス人オーナーのセンスのよさが光る
ショップはバリ島らしいデザインのインテ
リア小物や食器、カトラリーなどが揃う。

おすすめ

雑貨・工芸品

買う｜ウブド　　　　　MAP 別冊P18B2

バリ・ティーキー
Bali Teaky

お手頃価格なチーク材の食器

水に強く耐久性の高いチーク材を用いたキッチン雑貨の店。明るい店内にはデザイン性豊かで普段使いにぴったりなボウルや箸などの商品が所狭しと置かれ、その数は500点以上。チーク材はジャワ島産のもの使用し、商品はウブド内で作られている。スプーンRp.3万や箸置きRp.11万2000などはお土産にもおすすめ。モンキーフォレスト通り沿いにあり、ウブドエリアに3店舗ある。

DATA ⊗サレン・アグン宮殿から徒歩5分 ㊟Jl. Monkey Forest No.9E, Ubud
☎0361-9084303
㉀8時30分〜22時 ㉁なし Ｅ

店内は光が差し込む開放的な空間

買う｜スミニャック　　　MAP 別冊P13D4

タタ・カユ
Tata Kayu

掘出し物が見つかるかも！？

倉庫のような広い店内に木製の家具やインテリアグッズが並ぶファニチャー店。操り人形や石像など、東南アジア各地から集めた珍しいアンティークグッズも揃えており、宝探し気分で買い物できる。中国のボードゲームRp.85万など。⊗ベロイ通り交差点からすぐ ㊟Jl. Kayu Aya Lesmana 10, Seminyak
☎0361-735072 ㉀9〜17時 ㉁日曜 Ｅ

店内は珍しいアイテムがずらり

左:パイナップル型の皿Rp.9万〜　右:ティーカップ&スプーンのセットRp.11万2000

買う｜ウブド　　　　　MAP 別冊P19D2

ホウ・ホウ
Hou-Hou

かわいいフクロウアロマグッズが人気

薬草や草花に囲まれたガーデンショップ。アロマグッズのほか、塩、草木染めのバティックやアタ製のバッグなど、バリ島の自然にこだわった商品が揃う。フランジパニやジャスミンなどバリ島らしい香り豊かなアロマワックスRp.2万はルームフレグランスとしてもぴったり。画家シーラ氏のアトリエ、オウル・ハウス(→P103)に併設しており、絵画やポストカードもここで購入できる。

DATA ⊗サレン・アグン宮殿から車で10分
㊟Jl. Gunungsari, Peliatan ☎0361-977649
㉀10〜17時 ㉁不定休 Ｊ Ｅ

左:人気のオリジナルナチュラルブレンドアロマオイル各Rp.4万〜　右:落ち着いた店内

買う｜スミニャック　　　MAP 別冊P11C2

アシタバ
Ashitaba

インドネシアの伝統工芸アタ製品の老舗

アタという植物のツルで編んだ製品の専門店で、オリジナルのアタ製品はすべて自社工房で製作している。クオリティの高さに定評があり、洗練された技術と品質の高さが自慢。定番のバッグは、バティックと組み合わせたモダンなデザインが人気。ほか、キッチンで活躍しそうなバスケットや小物などバリエーション豊富な品揃え。アタのツルで編んだバッグやバスケットは丈夫で長持ちする。

DATA ⊗ディアナ・プラ通り交差点から徒歩5分
㊟Jl. Raya Basangkasa No.6, Seminyak ☎0361-737054
㉀9〜21時 ㉁なし

左:バリ島内に3店舗ある
右:バティックの巾着付きバッグRp.58万5000

買う ｜ ウブド　　　　　　MAP 別冊P18B2

ウブディ
Ubdy

専門店ならではのクオリティ
手作りのウッド小物

ウブド東部のプリアタン村で手作りされるチーク材の雑貨の店。食器やカトラリーを中心に、アクセサリーなども扱っている。木の手触りが心地よく、ひとつひとつ微妙に形が異なっているのもかえっておしゃれで、ハンドメイドならではの温かみが魅力。バリ島らしいウッディなハンドクラフトはおみやげにもおすすめ。買い物ストリートのハノマン通り沿いにあるので立ち寄りやすい。

DATA ⊗サレン・アグン宮殿から徒歩12分 ⊕Jl. Hanoman No.29, Ubud ☎089-70960709 ⊕10〜21時 ⊛なし Ｅ

サイズも豊富に揃うミルクピッチャーRp.15万〜

左：セットで揃えたい食器やカトラリーはRp.9万〜　右：眼鏡やアクセサリー置きRp.20万

買う ｜ ウブド　　　　　　MAP 別冊P18B2

ブルー・ストーン・ナチュラルズ
Blue Stone Naturals

上品なアロマブレンドの
ナチュラルコスメが魅力

南国の花のアロマにスパイスをブレンドするなど、独特の香りを生かしたナチュラルコスメが特徴。清涼感のあるペパーミントのリップバームは唇のほか、カサついた指先やひじ、ひざにも使える万能タイプ。アーモンドオイルにミントを加え、筋肉疲労を癒す効果を高めたマッサージオイルなども人気がある。雨水をリサイクルしたレインミストRp.12万など、個性的なアイテムも見つかる。

DATA ⊗サレン・アグン宮殿から徒歩10分 ⊕Jl. Dewi Sita, Ubud ☎0852-05517097 ⊕9〜21時(土・日曜は11時〜) ⊛なし Ｅ

香りの効果でリラックスできる

左：ペパーミントのリップバームRp.6万5000　右：ラベンダーとティーツリーをブレンドした石けんRp.8万

買う ｜ ウブド　　　　　　MAP 別冊P18B2

コウ
Kou

ナチュラル素材のやさしい石鹸

天然素材を用いたナチュラルソープの専門店。ココナッツオイルをベースにハチミツや各種エッセンシャルオイルなどを加えて作られる石けんは、ジャスミンやローズ各Rp.3万3000〜のほか、バリ島らしいフランジパニやトゥベローズなどバラエティ豊か。店内ではそれぞれの効能が解説され、香りをテストしながら買い物ができる。ギフト用のソープ皿などセンスのいいものが揃う。

DATA ⊗サレン・アグン宮殿から徒歩5分 ⊕Jl. Dewi Sita, Ubud ☎0361-971905 ⊕9時45分〜18時45分 ⊛なし Ｅ

上：小さな店だが、商品がすっきりとディスプレイされている　下：実際に香りをかいで好みの石けんを選ぼう

買う ｜ スミニャック　　　　MAP 別冊P12B4

タマラ・ダニエル
Tamara Danielle

ユニークな置き物が豊富に揃う

フルーツなど南国らしいものから、ピノキオやフクロウ、ウサギなどさまざまな種類の置き物を揃える。素材は木やブリキなどさまざまなタイプがあり、置き物がぎっしりと並んだ店内は、まるで博物館のよう。デフォルメされたフォルムやおとぼけ顔など、ユニークな表情の動物の置き物には思わずほっこり。ショッピングモール「スミニャック・ビレッジ」内。

DATA ⊗ディアナ・プラ通り交差点から徒歩25分 ⊕Jl. Kayu Jati No.8, Seminyak スミニャック・ビレッジ内 ☎なし ⊕10〜22時 ⊛なし Ｅ

上：ふくろうの栓抜きRp.13万はインテリアとしても◎　下：ショーウインドウに並ぶレトロな置き物も人気

買う ｜ ウブド　　　　　　MAP 別冊P17B4

ナディス・ハーバル
Nadis Herbal

伝統の薬草療法をベースに作るコスメ

バリの漢方、ジャムーをベースにしたコスメやお茶を扱う。オーナーは伝統療法やアーユルヴェーダに詳しく、製品には自社農園で育てたハーブを使用。

DATA ⊗サレン・アグン宮殿から徒歩5分 ⊕Jl. Suweta No.15, Ubud ☎0857-39207904 ⊕9〜18時 ⊛なし Ｅ

買う | クタ | MAP 別冊P6B2

ツーシーズンズ・ライフスタイル
2 Seasons Lifestyle

上品でシックな雑貨

クリングという木材を使った雑貨を中心に揃えるライフ雑貨ショップ。チークと同品質ながら軽い素材で、値段が安いのが魅力。キャンドル立てがRp.20万くらいから。

DATA ⊗ベモ・コーナーから徒歩5分 ⊕Jl. Legian No.92, Kuta ☎0361-752540 ⊕10～21時 ㊡なし E

買う | レギャン | MAP 別冊P9D3

ジェンガラ・ファクトリー・アウトレット
Jenggala Factory Outlet

老舗ブランドのアウトレット

バリ陶器の有名ブランド、ジェンガラ・ケラミック(下)のアウトレットショップ。多くはキズありの商品だが、見た目には分からないものがほとんど。定番デザインから個性的なものまで品揃えはバラエティ豊か。価格は定価の30%OFFくらいが目安。

DATA ⊗バパマ通り交差点から車で10分 ⊕Jl. Sunset Road No.1, Kuta ☎0361-766466 ⊕9～19時 ㊡なし E

定番デザインのほか、ユニークなものも揃える

一流ブランドの製品が手頃な値段

買う | ジンバラン | MAP 別冊P14B4

ジェンガラ・ケラミック
Jenggala Keramik Bali

バリ島を代表する人気の陶器ブランド

素朴な手ざわりとシンプルでエレガントなデザインが特徴のジェンガラ・ケラミック。世界的にも知られる、バリ島を代表する人気の陶器ブランドだ。はじまりは1976年、バリ島の高級ホテルのテーブルウエアとして作られたことから。花や植物など自然をモチーフにしたアイテムなど、実に3000種類以上のデザインと、200種類以上のカラーが揃う。お気に入りの逸品をぜひ見つけたい。

DATA ⊗空港から車で20分 ⊕Jl. Uluwatu Ⅱ, Jimbaran ☎0361-703311 ⊕9～19時 ㊡なし E

左:近代的な工房では約100人もの職人さんが働く
右:東洋と西洋を融合した独特なデザイン

買う | スミニャック | MAP 別冊P12B4

マイ・カップ・オブ・ラブ
My Cup Of Love

キュートな小物雑貨が集まる

気分がアップしそうなカラフルでポップなデザインが人気の雑貨店。おしゃれなカトラリーやインテリア小物など、バリ島の素材を使ったオリジナル商品のデザインはスロベニア人デザイナーのセンスが光る。ユニコーンやサボテンをかたどった金スプーンRp.12万や、色違いで揃えたいチャーム付きのブレスレットRp.2万5000などはおみやげにもおすすめ。

DATA ⊗オベロイ通り交差点から徒歩10分 ⊕Jl. Kayu Cendana No.1, Seminyak ☎なし ⊕9～21時 ㊡なし

キュートな雑貨がずらりと並ぶ店内

左:ピンクのタッセルと蝶々のボックスRp.15万
右:眠るユニコーンが愛おしいキーホルダーRp.15万

買う | ウブド | MAP 別冊P19D2

ブラット・ワンギ
Burat Wangi

自然に囲まれた小さな石けん工房

ウブド郊外ののどかな田園風景の中にある石けん工房の直営店。1994年創業で全工程を手作業で制作しており、工房の見学もできる。ココナッツオイルを使用した石けんはきめ細かい泡立ちでお肌が敏感な人にもおすすめ。ヨーグルトを配合し爽やかなオレンジが香るオレンジ&ヨーグルト・ココナッツ・ソープRp.1万8000は肌のきめを整える効果があり、日焼けした肌に使いたい。店内には日本語で各石けんの説明書きがあるので、自分の肌質に合うものが見つけられる。

DATA ⊗サレン・アグン宮殿から車で10分 ⊕Jl. Gn. Sari No.9. Peliatan ☎0361-974125 ⊕8～17時 ㊡土・日曜

石けんは種類ごとにディスプレイ

Hand Made
Natural
Scented
Pink Frangipani
Coconut Cream Soap

左:お得感満載の石けん詰め合わせ200g Rp.3万8000
右:フランジパニの香りを再現したピンク色の石けんRp.2万5000

おすすめ

ショッピングセンター

Tギャラリア by DFS
T Galleria by DFS

バリ島で最も大きな免税店

売り場面積が約1500㎡、両替所もある巨大な免税店ビル。1階にはフェンディ、コーチなどの有名ブランドが揃う。バリ島でティファニーやフェラガモ、カルティエが買えるのはここだけ。化粧品売り場も充実。バティックやイカット、金銀製品の手工芸品、バリの酒ブルムやコピ・バリなどの食料品もある。インドネシア料理や中華料理のレストランなども豊富。

DATA ◎ベモ・コーナーから徒歩15分
⊕ Jl. By Pass Ngurah Rai, Kuta
☎ 0361-758875
⊕ 10〜22時 ㉁なし Ｅ

1階にはハイブランドが並ぶ

リッポ・モール・クタ
Lippo Mall Kuta

空港近くのお買い物スポット

クタ郊外にある大型ショッピングモール。若者に人気のアパレルショップやみやげもの店が集まるほか、スーパーやフードコート、映画館などが充実。モールの中心部ではバリダンスのショーやキッズイベントなども日々開催され、1日中楽しめる。ローカルグルメのレストランも揃い、空港から車で5分の近さなので帰国前のおみやげ探しにも便利。

DATA ◎ベモ・コーナーから車で10分
⊕ Jl. Kartika Plaza, Kuta ☎ 0361-8978000
⊕ 10〜22時(店により異なる) ㉁なし Ｅ

クタ南部のカルティカ通り沿いにある

モル・バリ・ギャレリア・クタ
Mal Bali Galleria Kuta

巨大なショッピングモール

Tギャラリア by DFS裏の巨大ショッピングモール。プラダなどのブランドショップから、ナイキなどのスポーツグッズ、ジュエリー、ヘアサロンなどおしゃれなショップが40店舗以上並ぶ。地元の人も足を運ぶスーパーマーケットやデパートもあり、日用品から高級品まで何でも揃う。お腹が空いたらお好み焼きやインドネシア料理、カフェが並ぶフードコートへ。

DATA ◎ベモ・コーナーから車で10分
⊕ Jl. By Pass Ngurah Rai, Kuta
☎ 0361-758540 ⊕ 10〜22時(店により異なる) ㉁なし Ｅ

上：メインエントランスの噴水。ショップはこの左右に
下：買物途中のひと休みにも使える中庭

ディスカバリー・ショッピング・モール
Discovery Shopping Mall

そごうも入る大型モール

インドネシアの人気デパート、セントロや日本のそごうも入る大型ショッピングセンター。1階には国内外の人気店や巨大なおみやげコーナー、カフェなども。

DATA ◎ベモ・コーナーから徒歩15分 ⊕ Jl. Kartika Plaza, Kuta
☎ 0361-755522 ⊕ 10〜22時(土・日曜は〜22時30分。店により異なる) ㉁なし Ｅ

バリ・コレクション
Bali Collection

高級品から日用品まで

そごうが入る大型ショッピングモール。海外ブランドからローカルブランドまで揃う。敷地内には専門店が軒を連ね、飲食施設も充実。買い物の後の食事にもおすすめ。

DATA ◎メイン・ゲートから車で5分
⊕ Kawasan Pariwisata, Nusa Dua
☎ 0361-771662 ⊕ 10〜22時(店により異なる) ㉁なし Ｅ

おすすめ

ファッション

買う ｜ スミニャック ｜ MAP 別冊P12B4

フロック
Frockk

バリ島に５店舗ある人気店

ナチュラルなコットン製のファッションアイテムが中心で、やさしい色と風合いが魅力。大きめサイズのアイテムも充実している。サンダルやポーチなども人気。

DATA ⊗オベロイ通り交差点から徒歩10分 ⊕Jl. Kayu Cendana No.1, Kerobokan ☎0857-39102111 ⊕9〜19時 ⊕なし Ⓔ

幅広い年齢層のファンをもつ

買う ｜ スミニャック ｜ MAP 別冊P13D4

ジョイ・ジュエリー
Joy Jewellery

小ぶりのアクセサリーが可愛い

オランダ人オーナーがデザインするシルバーアクセサリーの店。銀はウブド郊外のチュルク村製のものを使用し、バリの職人が製品に仕上げている。綺麗にディスプレイされたブルーを基調とする店内は、シルバーアクセサリーが映える洗練された空間。パワーストーンにハート型チャームが付いたブレスレットやネックレスなどが若い女性に人気で、プレゼントでもらってもうれしい。

DATA ⊗オベロイ通り交差点から徒歩3分 ⊕Jl. Drupadi No.6, Seminyak ⊕なし ⊕9〜18時 ⊕なし

ブルーを基調とした明るい店内

左:シルバーブレスレットの3点セット Rp.150万 右:ハートの指輪各Rp.70万

買う ｜ スミニャック ｜ MAP 別冊P13C4

ニコニコ・マーレ
Niconico Mare

ビーチで差がつくカワイイ水着が満載

スミニャック周辺だけでも3店舗を展開する人気ショップ。広い店内には、カラフルで南国リゾート感満点の水着が揃い、ここに行けばビーチスタイルが完成する。ビーチリゾートを楽しむ女子旅なら水着は何着あってもうれしい。ビキニは上下別でも購入OK。商品はサイズごとにディスプレイされ、レディスのほかメンズやキッズも取り揃えるので、ファミリーでのショッピングも楽しめる。

DATA ⊗オベロイ通り交差点から徒歩5分 ⊕Jl. Kayu Aya No.88, Seminyak ☎0361-733050 ⊕9〜22時 ⊕なし Ⓔ

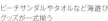

ビーチサンダルやタオルなど海遊びグッズが一式揃う

左:爽やかなブルーのビキニ上下別で各Rp.35万
右:リゾート映えするトップスRp.34万9000

買う ｜ スミニャック ｜ MAP 別冊P13C4

ミア・バリ
Mia Bali

個性派ウエアを探すならココで決まり！

インドネシア人オーナーがアジアやヨーロッパなど世界各国からセレクトしたウエアが揃う小ぢんまりとしたショップ。エスニックテイストのウエアからスタイリッシュなものまで、幅広いラインナップが魅力で、ほとんどが一点モノ。ワンピースやトップス、スカートなどのほかに、バリ島で作られたブレスレットRp.15万〜や、サンダルRp.45万〜など小物系も要チェック。

DATA ⊗オベロイ通り交差点から徒歩3分 ⊕Jl. Kayu Aya No.43, Seminyak ☎なし ⊕9〜21時 ⊕なし Ⓔ

ショップが並ぶオベロイ通りにある

左:透け感がかわいいブルーのワンピースRp.95万 右:華やかなゴールドが大人っぽい木製ピアスRp.15万

買う ｜ スミニャック ｜ MAP 別冊P13C4

シージプシー
Sea Gypsy

ユニセックスデザインの天然石とシルバーの専門店

海や冒険をコンセプトにオリジナルデザインのシルバーアクセサリーを展開するショップ。ユニセックスなデザインが多いので、ペアで購入するカップル客も多い。ブレスレットRp.27万5000〜、リングRp.29万5000〜などのアイテムも種類豊富。好みのペンダントトップやチャームをアレンジするのもおすすめ。さりげないおしゃれを引き立てるお役立ちアクセサリーが揃う。

DATA ⊗オベロイ通り交差点から徒歩10分 ⊕Jl. Laksmana No.49 No.1A, Kerobokan ☎なし ⊕9〜23時 ⊛なし Ｅ

オベロイ通り沿いにある、リゾート風の外観が目印

カギのチャーム各Rp.39万5000。チェーンと合わせてネックレスにするのもおしゃれ

買う ｜ ギャニアール ｜ MAP 別冊P3C3

ヤン・ヤン・シルバー
YAN YAN Silver

上質なガムランボールはここで

シルバー細工で有名なチュルク村と隣接するバトゥアン村で人気のガムランボールの店。上質で純度の高いガムランボールから、ピアスやブレスレットなどのデザイン豊かなシルバーアクセサリーが手に入る。ガムランボールの色や形にはそれぞれ意味が込められているので、自分に合うものを探してみよう。日本語が話せるスタッフもいるので安心して買い物ができる。

DATA ⊗サレン・アグン宮殿から車で40分 ⊕Br. Penida Negara, Batuan ☎0361-294782 ⊕8〜19時 ⊛なし Ｊ Ｅ

高級感のある店内。観光客も多く訪れる

店の入り口では実際に職人が作業している様子を見ることができる

YAN YAN SILVER
925 STERLING SILVER

左:ガムランボールRp.47万〜。グリーンは平和、ピンクは愛情を意味する 右:花のピアスRp.30万。健康を意味する

買う ｜ レギャン ｜ MAP 別冊P11C4

バリフ
Balifu

キクロのタオルはココで

バリ島で作られた高品質なバティックを用いたピンクやオレンジなど華やかな色合いのハンドメイドのサロンや、ヴィヴィットカラーのリゾート服、タオル、アクセサリーなどを幅広く揃えるセレクトショップ。肌ざわりが良く、品質が高いことで日本でも人気のタオルブランド「キクロ」のビーチタオルもここで購入できる。デザインもサイズも豊富に揃い、普段使いにもぴったり。

DATA ⊗ディアナ・プラ通り交差点から車で10分 ⊕Jl. Arjuna B-1, Legian ☎085-953784088 ⊕9〜18時(日曜は〜17時) ⊛なし Ｅ

個性的なアイテムが揃う

左:フリンジ付きビーチタオルRp.59万5000〜
右:柄の種類が豊富なタオル各Rp.15万

買う ｜ ウブド ｜ MAP 別冊P18B1

プサカ
Pusaka

ナチュラル感漂う

バティックのファッションで評判の「ビテカン・トロプス」の姉妹店。ウエアから小物まで、全体にアースカラー系でまとめられている。上質でナチュラルな風合い。

DATA ⊗サレン・アグン宮殿から徒歩5分 ⊕Jl. Monkey Forest No. 71, Ubud ☎0361-978619 ⊕9〜21時 ⊛なし

買う ｜ ヌサドゥア ｜ MAP 別冊P15B4

アイランド・ジュエルズ
Island Jewels

高級ジュエリーが揃う

バリ製のジュエリーを取り扱うセレクトショップ。ブルートパーズのピアスRp.850万など高品質なジュエリーが揃う。店内には一点モノのアンティークが並べられている。

DATA ⊗メイン・ゲートから車で5分 ⊕バリ・コレクション(→P71)内 ☎0361-770181 ⊕10〜22時 ⊛なし Ｅ

バラマキみやげは
スーパーマーケットで指名買い！

バリ島のスーパーマーケットは品揃えがとてもユニーク、そしてどれも値段が手ごろ。
食材からコスメまで人気の商品を集めました。

FOOD
食材

バリの味を日本に持ち帰るなら、調味料やインスタント食品がおすすめ！

ソト・アヤムの素
Rp.6200 Ⓑ

ナシ・ゴレンの素
Rp.6200 Ⓑ

ナシ・チャンブルやナシ・ゴレンに添えられているエビせん Rp.2万5500〜 Ⓑ

コレは買い！

ミニサイズのサンバル各種。左からフライドチキン用、定番、辛口各 Rp.9000 Ⓐ

ソト・アヤム味のカップラーメン。プラスチックのフォークが入っていて便利 Rp.6200 Ⓑ

自分で揚げるエビせんは、アツアツが食べられるのでイチオシ。種類はいろいろ Rp.4万2000 など Ⓐ

COSME
コスメ

バリ島リピーターに愛される秀逸コスメの数々。自分用にも欲しくなるコストパフォーマンスの高さ。

コレは買い！

ローズウォーターとライムレモン・ウォーター（150ml）がこの価格！　各 Rp.1万8900 Ⓑ

目的別のボディスクラブ。保湿、ホワイトニング＋ビタミン、保湿＋ホワイトニング。各 Rp.1万8500 Ⓑ

コレは買い！

カプセル状の洗い流さないヘアトリートメント。各 Rp.1万2000〜 Ⓐ

バナナの香り豊かなシアバター入りのボディクリーム Rp.3万1000 Ⓐ

バリ島で定番人気のヘッドスパクリーム。アボカド、アロエなど種類豊富 Rp.3万 Ⓐ

※商品の多くは両方のスーパーマーケットで扱っています。取り扱い中止や価格変更の場合があります。

お菓子

甘いチョコレート菓子から、ちょっと不思議なスナック菓子まで、気になるものがいっぱい！

定番チョコメーカー、モンゴのチョコレート。バリ島産カカオを使用。各 Rp.5 万 4000 Ⓐ

エンドウ豆やナッツなどおつまみにぴったりのミックスナッツ Rp.1 万 1000 Ⓐ

ジャックフルーツのヘルシーなチップス。自然な甘さがいい Rp.3 万 4000 Ⓐ

パイナップルやカシューナッツが入った一口サイズのシリアルスナック Rp.3 万 1000 Ⓐ

ビールのお供にピーナッツ。ミスター P のチリ味。Rp.1 万 5000 Ⓐ

コブミカンの葉のテンペチップスと、一見ノリ巻き味に見えるノリのポテトチップス。（左）Rp.8500、（右）Rp.1 万 2000 Ⓐ

コレは買い！

ドリンク

バリコーヒーやビールが人気。これらのほかに激甘のフルーツジュースも気になるところ。

ビールといえばこれ！ビンタンビール Rp.2 万 4500 と、バリハイビール Rp.2 万 4000 Ⓐ

コレは買い！

世界的に有名なルアックコーヒーは、ジャコウネコのフンから採取される貴重なコーヒー Rp.17 万 4000 Ⓐ

陶器のボトルがかわいいココナッツ焼酎アラック。アルコール度数は 40 度 Rp.23 万

Ⓐ ウブド　MAP 別冊P18B3

ココ・スーパーマーケット
Coco Supermarket

バリ人経営の島内のみ展開するスーパー。系列のコンビニも多く見かける。ウブド店ではローカル客が多いので、現地の生活になじんだ食材が手に入る。

DATA ⊗サレン・アグン宮殿から車で10分 ⊕Jl. Raya Pengosekan, Ubud ☎0623-6192744 ⊕7〜23時 ⊛なし Ⓔ

Ⓑ サヌール　MAP 別冊P16A1

グランド・ラッキー
Grandlucky

オーガニック食品が充実する、カフェ併設のこだわりスーパー。日用雑貨やお菓子などバリ島ならではのローカルブランドが揃う。

DATA ⊗コミュニティセンターから車で15分 ⊕Jl. Bypass Ngurah Rai No.240, Sanur ☎0361-762308 ⊕8〜22時 ⊛なし Ⓔ

美と健康を求めてジャムーにトライ

上：ジャムー屋台は夕方から夜に出る　右：粉末ジャムー。字が読めなくても効能がわかるパッケージ

インドネシアの伝統的なハーブドリンク「ジャムー」。生のハーブで作るのが昔からの方法だが、スーパーマーケットや屋台では目的別に粉末や液体のジャムーが売られている。おいしいとはいえないが奥深いジャムー文化、ぜひお試しあれ。

おすすめ スーパー

🛍 買う｜ウブド　　MAP 別冊P19C1

デルタ・デワタ
Delta Dewata

ウブドで最大 地元No.1の品揃え

食品、生活雑貨に加えて各種みやげ物まで揃う。中心地からやや離れてはいるが、ウブドのヴィラに滞在するときには、必要な食料品や雑貨などはここで買出しをすると便利。もちろんおみやげ探しにも。スーパーで手に入る日用品や食料品はおみやげとしても人気がある。
DATA ⊗サレン・アグン宮殿から徒歩15分 ⊕Jl. Raya Andong No14, Ubud ☎0361-973049 ⊕8〜22時 ㊡なし Ｅ

上:見ているだけでも楽しい生活雑貨 下:フルーツなどバリ島らしい食材も充実

🛍 買う｜クタ　　MAP 別冊P7D3

ハイパーマート
Hypermart

チェーン展開する大型スーパーマーケット

インドネシア各地に店舗をもつ大型スーパーマーケット。モル・バリ・ギャレリア・クタ(→P71)内、以前にマタハリ・スーパーストアのあった敷地に立つ。食料品はもちろん、電化製品、日用雑貨など幅広い品揃えが魅力。みやげ物も手ごろな価格で手に入るということで観光客にも評判だ。地元民に混ざって、インドネシア風の惣菜コーナーやベーカリーをのぞいてみるのも楽しい。
DATA ⊗ベモ・コーナーから車で10分 ⊕モル・バリ・ギャレリア・クタ(→P71)内 ☎0361-767056 ⊕10〜22時 ㊡なし Ｊ Ｅ

上:青に黄文字の看板が目立つ
下:種類豊富な品物が揃う

ビンタン・スーパー・マーケット　スミニャック
Bintang Super Market　　MAP 別冊P11C3

地元対象の店だけにロープライスが魅力。おみやげ用のまとめ買いにおすすめは激安インスタント系食材。DATA ⊗ディアナ・プラ通り交差点から徒歩10分 ⊕Jl. Raya Seminyak No.17 ☎0361-730552 ⊕7時30分〜22時 ㊡なし Ｅ

ABCミニマーケット　タンジュン・ブノア
ABC Mini Market　　MAP 別冊P15B2

ホテルエリアの近くにある便利なスーパーマーケット。食料品はもちろん、日用品から衣料品まで揃う。DATA ⊗メイン・ゲートから車で5分 ⊕Jl. Pratama 88, Tanjung Benoa ☎0361-774229 ⊕8〜22時(日曜、祝日は9時〜) ㊡なし Ｅ

美容のスーパーマーケット

バリ島内の人気スパやビューティーサロン御用達の美容品を集めた専門店で、いわばビューティー・スーパー・マーケット。石けんや美容液、ヘアケアグッズなど商品のラインナップは多彩で、少量サイズの商品も多く、プチプライスもうれしいポイント。キレイをサポートしてくれるアイテムをまとめ買い。
MAP 別冊P14B2

ラジャワリ・スパ＆サロン・サプライヤー
Rajawali Spa & Salon Supplier

DATA ⊗空港から車で10分 ⊕Jl. By Pass Ngurah Rai, Kelan Tuban ☎0812-38974442 ⊕9〜18時 ㊡なし Ｊ Ｅ

アルガンオイル配合のヘアマスクRp.6750

美容アイテムづくしの専門ショップ

Topic 4

ビューティー
Beauty

優雅なホテルスパから気軽な街スパまで、
幅広い選択肢があるバリ島はまさにスパ天国！
身も心もほぐれる極上気分を体験できます。

癒されスパ
身も心もトロトロになる

波の音や青い空を感じながら
トリートメントを受けられる、
素敵なロケーションのスパをご紹介。

マイナスイオンに
包まれた美の空間

ウブド周辺　　MAP 別冊P17B3

ルンバ・スパ
Lembah Spa

プタヌ川の渓谷に浮かぶ島のようなロケーションが特徴的なスパ。ウブドの森を眺めながらのトリートメントはまさに極楽。メニューはアロマオイルを用いたバリニーズマッサージから、バリの自然素材を使ったスクラブ、話題のイントラシューティカルのフェイシャルまで豊富に揃う。

DATA ⊗サレン・アグン宮殿から車で10分（送迎あり、無料）
⊕ⓗヴァイスロイ（→P114）内
☎0361-971777
⊙10〜22時 ⊛なし ⒿⒺⒿⒺ ㋐

SPA MENU
❀ボディマッサージ…60分Rp.100万
❀ヘア・クリームバス…60分Rp.60万
❀ロマンティック・カップル・パッケージ…120分Rp.550万
　バリニーズマッサージ、スクラブ、ボディマスク、フラワーバス

1カップルルームは1室のみなので早めの予約を。渓谷の景色を眺めながら受けられるフットリフレクソロジー1時間Rp.70万も人気 **2**スイス人トレーナーによる専門教育を終了したセラピストが高い技術を提供する **3**スクラブやマスクなどは天然の素材を使うので安心 **4**トリートメントの後のハイティーや、食事がセットになったパッケージもある **5**緑に包まれて開放的なヨガパビリオン

オンザビーチの極上空間

クタ 　MAP 別冊P14B1

テタ・スパ・バイ・ザ・シー
Theta Spa By the Sea

ギリシャ語で精神を意味する「テタ」の名を冠し、心・体・精神のバランスを整えることを目的としたトリートメントが中心。ハチミツやニンジン、チョコレートなどを使ったスクラブやラップ、マッサージ、バスが含まれるパッケージ（90〜120分）がおすすめ。

DATA ⊗ベモ・コーナーから車で8分 ⊕Jl. Kartika Plaza, Kuta 🏨ビンタン・バリ・リゾート内 ☎0361-755726 ⊕9〜21時 ⊛なし
Ⓓ Ⓙ Ⓙ Ⓔ ㋐

=== SPA MENU ===

❀チョコレートインダルジェンス
…120分Rp.230万
❀マッサージ、チョコレートとアーモンドのスクラブ、ボディマスク、バナナの葉のボディラップ、フラワーバスハニーラブ
…120分Rp.230万
ボディマッサージ、オートミールとセサミのスクラブ、ラップ、バス

1プロダクトにはフレッシュな素材を使用
2ビーチを一望しながら受けるフットマッサージ
3空港から近いので、早朝到着日や帰国日にバス付きのパッケージを利用するのもオススメ
4オーシャンビューの部屋もあるので、空いている場合は予約時にリクエストしてみて

波の音とともに至福のひとときを

ウンガサン 　MAP 別冊P4B4

カルマ・スパ
Karma Spa

インド洋を一望する断崖に立つヴィラで、波の音と吹き抜ける風を感じながらトリートメントが受けられる。セラピストのトレーニングを半年おきに実施し、安定した技術にも定評がある。スパを利用するとリゾートのビーチも利用できるのもうれしい。

DATA ⊗空港から車で45分 ⊕🏨カルマ・カンダラ（→P113）内 ☎0361-8482200 ⊕8〜22時 ⊛なし Ⓔ Ⓔ

=== SPA MENU ===

❀バリニーズマッサージ…60分Rp.110万
❀アイランドデトックス120分Rp.190万
デトックスマッサージ、オイルマッサージ

1海を望むヴィラタイプのカップルルームは2室のみなので、予約は早めに
2断崖からの景色をひとり占めできるジャクジー崖の上に立つトリートメントルームからは最高の眺めも満喫できる

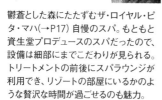

ウブド周辺 | MAP 別冊P17A2

ロイヤル・キラーナ
Royal Kirana

鬱蒼とした森にたたずむザ・ロイヤル・ピタ・マハ(→P17)自慢のスパ。もともと資生堂プロデュースのスパだったので、設備は細部にまでこだわりが見られる。トリートメントの前後にスパラウンジが利用でき、リゾートの部屋にいるかのような贅沢な時間が過ごせるのも魅力。

DATA ⊗サレン・アグン宮殿から車で15分
⊕ⒽⒽザ・ロイヤル・ピタ・マハ(→P17)内
☎0361-976333 ⏰9～20時 ㉕なし
ⒺⒿⒺ ㊓

王族経営のリゾートらしい
最高の設備とサービス

═ SPA MENU ═

❋ビューティーオブラブ
…180分Rp.260万～
（ロイヤル・リラクゼーション・
ヴィラ利用）

❋バリニーズ・ディープ・
ティッシュー・セラピー…60分Rp.100万
（ロイヤル・リラクゼーション・
ヴィラ利用）

1各所にバリらしいインテリアも　2人気のトリートメントルーム、ロイヤル・アユン・ヴィラは426㎡の広さ　3ヴィラタイプのトリートメントルームが人気　4トリートメントの後、プールやジャクジーなど施設を自由に利用できる

╭ ロイヤル・キラーナの180分コースを体験♪ ╮

まずは受付

人気スパの予約はなるべく早めに。メニューもウェブサイトなどをみて、あらかじめ決めておいたほうがスムーズ。

カウンセリングシートを記入

ウェルカムドリンクを飲みながらカウンセリングシートを記入。日本語のシートが用意されている。

ボディマッサージ(60分)

ロイヤル・キラーナはヴィラ1棟がまるごとトリートメントルーム。最初に天然オイルを使ったボディマッサージ。

スパタイム(60分)

温かいお茶が出されたたあとは、ヴィラのプールやジャクジー、ミストサウナを自由に利用できる。

フェイシャル(60分)

欧米人に比べ日本人は肌が敏感なのでフェイシャルを選ぶ際は慎重に。ここは資生堂のプロダクトを使うので安心。

スパラウンジ&ガーデンへ移動

スパ利用客専用のラウンジは、9～20時まで滞在が可能。プール（水着着用）、ジャクジー、サウナ、男女別のシャワー付き更衣室があり、軽い食事をとることもできる。

お手軽スパ
Casual Spa

観光や買い物の途中に立ち寄りたい、街なかにあるおすすめスパ。
お手頃なメニューを気軽に楽しもう。

ウブド周辺 | MAP 別冊P17A3

バリ・ボタニカ・デイ・スパ
Bali Botanica Day Spa

**緑の空間で
至極のひととき**

ウブド郊外の緑に囲まれた
癒しのスパ。敷地奥にある
別棟へ移動して施術を受
ける。窓の木々を眺めなが
ら楽しめるフラワーバスの
サービスもあってうれしい。

DATA ⊗サレン・アグン宮殿から車で20分
⊕Jl. Raya Sanggingan, Kedewatan
☎0361-976739 ㉠9〜21時 ㉡なし
Ⓔ Ⓔ ㋑

1待機室は自然光が差し込み落ち着きある
空間。ドリンクのサービスも　**2**渓谷の
緑を眺めながらフラワーバス　**3**南国
の木々に囲まれた癒しのロケーション

スミニャック | MAP 別冊P13C4

ディシニ・スパ
Disini Spa

**賑やかな
繁華街にある隠れ家**

オベロイ通りの路地を入った
静かな一角にあるスパ。緑に
包まれた贅沢な個室ヴィラが
点在し、プライベートな空間
で、バリニーズマッサージをは
じめとする伝統のトリートメン
トを受けられる。

DATA ⊗オベロイ通り交差点か
ら徒歩5分 ⊕Jl. Mertasari
No.28,Seminyak Ⓗディシニ・
ラグジュアリー・スパ・ヴィラス
内 ☎0361-737537(リゾート代
表) ㉠10〜22時 ㉡なし
ⒿⒺ ⒿⒺ ㋑

SPA MENU
✴バリニーズマッサージ
…60分Rp.77万
✴トゥルーリー・バリニーズ・
スパ・エクスペリエンス
…150分US$108

1セラピストには日本語が話せるスタッフも　**2**2名用トリートメ
ントルーム　**3**トリートメント後はジンジャーティーとホームメイ
ドクッキーでリラックス　**4**緑に囲まれた静かな空間

SPA MENU
✴アーユルヴェディック・
シロダーラ…45分Rp.45万
✴エクスフォリエーション&バス
…45分Rp.16万5000

レギャン | MAP 別冊P9D3

タマン・アイル・スパ
Taman Air Spa

**爽やかな空間で
リラックス**

水をテーマにした涼やかなイ
ンテリアが心地よい。ダイエット効果も期待できるというバンブ
ー・ブリスは、竹の棒を用いて全身をマッサージ。背中や肩、足な
どの凝りがすっきりとほぐれる。

DATA ⊗パドマ通り交差点
から車で8分 ⊕Jl. Sunset
Road No.88, Kuta
☎0811-3895558
㉠11〜22時 ㉡なし
ⒿⒺ ⒿⒺ ㋑

SPA MENU
✴ウェルビーイング・タッチ
…150分US$59
✴バリニーズマッサージ
…120分US$40

1トリートメントルームは14室。予約をするのがベター　**2**セラピ
ストが絶妙な力加減でマッサージ　**3**竹を使ったマッサージで血
行を促進。歩き疲れた足もスッキリする

ジンバラン | MAP 別冊P14B4

クイーン・ローズ・スパ
Queen Rose Spa

**営業時間が長く
使い勝手抜群**

空港近くのジンバランにあり、日本
人スタッフが常駐するスパ。伝統
的なバリニーズマッサージなどの
マッサージのほか、ヘアケアやマニ
キュアなどさまざまなメニューが用
意されている。

DATA ⊗空港から車で15分
⊕Jl. Taman Baruna, Jimbaran
☎0361-8480382 ㉠9〜20時
㉡なし ⒿⒺ ⒿⒺ ㋑

1保湿効果のあるアボカド
クリームでトリートメント。
頭皮をケアすることで顔の
リフトアップ効果も　**2**バ
リニーズマッサージは1時
間US$38　**3**赤を基調とし
たトリートメントルーム。ロー
ズバスも体験できる

SPA MENU
✴クリームバス…60分US$38
✴アーユルヴェーダ シロダーラ
…60分US$55

おすすめ

ホテルスパ

癒やす ｜ クロボカン　　　MAP 別冊P13C2

スパ・アイル
Spa Air

リラックス効果抜群のトリートメントが充実

アーユルヴェーダやバリニーズマッサージ、アロマセラピーなどを取り入れたトリートメントが好評。温めたオイルで全身マッサージをするアーユルヴェーダ・シロダラ2時間Rp.125万は、日常から解き放たれて深いリラクゼーションを体験したい人におすすめ。そのほか、全身マッサージとハーバルボールでトリートメントを組み合わせたポルスバッグ・テラピー2時間Rp.119万や、ボディマッサージのあとに小麦粉で作った溝に温かいオイルを流して背中や腰の痛みをやわらげるバスティ・トリートメント2時間Rp.125万も体験してみたい。

DATA ⊗オベロイ通り交差点から車で10分 Jl. Ieback Sari Br. Taman Petitenget, Kerobokan Ⓗヴィラ・アイル・バリ・ブティック・リゾート＆スパ内 ☎0361-737378 ⓉⓂ9〜21時 ⑭なし Ⓔ Ⓙ Ⓔ ㋐(1〜2日前)

上:食事付きのパッケージプランもある　中:身も心もほどけるようなハーバルバス　下:天然素材を使ってプロダクトでマッサージ

癒やす ｜ ヌサドゥア　　　MAP 別冊P15B1

タラソ・バリ・スパ
Thalasso Bali Spa

おしゃれなスパルームで極上施術

38度に保たれた海水のアクアメディックプールを備えたスパ。トリートメント前に使用することでボディパックやフェイシャルの浸透度が上がり、すべすべの肌になれると評判。コースメニューに付く海藻のパックは美白効果があり、肌がワントーン明るくなるのがうれしい。タラソ・トロピカル・カームズ4時間Rp.257万4000は海水プールと全身のマッサージやマスク、クリームバスに送迎・食事が付く充実のコース。

DATA ⊗メイン・ゲートから車で10分 Ⓗグランド・ミラージュ・リゾート＆タラソ・バリ(→P118)内 ☎0361-773883 ⓉⓂ11〜19時 ⑭なし Ⓙ Ⓔ Ⓙ Ⓔ ㋐

上:フランス産の海藻パックを使用　下:贅沢なフラワーバスでリラックス

癒やす ｜ ウブド周辺　　　MAP 別冊P17B3

カベリ・スパ
Kaveri Spa

緑豊かなロケーションの贅沢スパ

高級リゾート、ザ・ウダヤリゾーツ＆スパ内にあるスパ。ウブドの自然に囲まれた空間で心やすらぐロケーション。バリニーズ・パッケージ2時間30分Rp.210万は伝統的なバリ式マッサージ、ボディスクラブにビタミンCたっぷりのシトラスバスの3点コース。好きなデザインを事前にリクエストができる香り豊かなフラワーバスRp.120万〜も人気。

DATA ⊗サレン・アグン宮殿から車で10分 Ⓗ Jl. Sri Wedari No. 48B Tegalalang Ⓗザ・ウダヤリゾーツ＆スパ内 ☎0821-30032998 ⓉⓂ9〜21時 ⑭なし Ⓔ ㋐

上:丸いバスタブがかわいいフラワーバス　下:肌質改善に効果的なシトラスバス

🌿 癒やす　クロボカン　　　MAP 別冊P12B3

スパ・アット・ペッパーズ・セントーサ・スミニャック
Spa at Peppers Sentosa Seminyak

帰国日プランでじっくりトリートメント

上質なインテリアで、ラグジュアリーな雰囲気が魅力のホテルスパ。「体の中からキレイになる」がコンセプトで、スパ後の食事メニューではヘルシーなスパキュイジーヌを楽しめる。おすすめのスパメニューはザ・アブソリュート・トリートRp.180万。4時間30分のじっくりコースで、マッサージ、スクラブ、ボディマスクにフラワーバス、フェイシャルのセット。フェイシャルは翡翠を使う珍しい施術。

DATA ⊗オベロイ通り交差点から車で15分 🏠ペッパーズ・スミニャック(→P119)内 ☎0361-733398 🕘9～21時 ⑭なし 🅱🅔 ⑰

上：ラグジュアリーな施術室
中：体を温めながら巡りをよくするボディマスク
下：花が入ったフラワーフットバス

🌿 癒やす　クロボカン　　　MAP 別冊P12A2

アウェイ・スパ
Away Spa

非日常の異空間で疲れた身体を解き放つ

ゴージャスでハイセンスな空間で知られるWホテル内のスパ。バリ島では珍しい24時間営業で、酸素バーを備えた近未来風な空間。ユニークなネーミングがつけられたメニューで、遊び疲れた体をクールダウンし、デトックスしよう。おすすめメニューはホットストーン・マッサージ1時間30分Rp.150万。

DATA ⊗オベロイ通り交差点から車で10分 🏠Wバリ・スミニャック(→P117)内 ☎0361-4738106 🕘24時間 ⑭なし 🅱🅔 ⑰

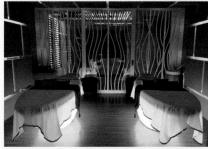

上：腕や指、手のひらを駆使して筋肉の疲労をやわらげる
中：トリートメントルームはブルーのライトに包まれ、非日常を演出
下：フェイシャル専用ルームもある

🌿 癒やす　ウブド周辺　　　MAP 別冊P17A2

コモ・シャンバラ
COMO Shambhala

ウブドの森に囲まれたオープン・エアな空間

米旅行専門誌が選ぶ「世界のベストデスティネーション・スパ」で1位に輝いたスパ。特別な訓練を受けた専属セラピストが、ひとりひとりの体質や状態に合ったプログラムを提案。オリジナルブレンドのオイルを使ったコモ・シャンバラ・マッサージ1時間15分Rp.170万などが人気。施術は森の中に佇む小さなスパ・パビリオンの「クダラ」で行われる。アジアの伝統的なセラピーを取り入れたトリートメントで、究極の癒しへ誘う。

DATA ⊗サレン・アグン宮殿から車で35分 🏠Banjar Begawan, Melinggih Kelod, Payangan 🏠コモ・シャンバラ・エステート内 ☎0361-978888 🕘9～21時 ⑭なし 🅱🅔 ⑰

上：オリジナルブランドのプロダクトを使用
左：自然に囲まれた抜群の環境でマッサージ
左下：プールなど公共スペースも利用可能

癒やす ウブド周辺 | MAP 別冊P17A3

スパ・アット・サヤン
The Spa at Sayan

池に浮かぶようなヴィラのスパがおすすめ

スパはメイン棟と池に浮かぶようなヴィラの2カ所にあり、贅沢な気分を味わいたいならヴィラでのトリートメントをリクエストするのがおすすめ。カウンセリングで体質をチェックしてから行うアーユルヴェーダが人気メニューで、額に温かいハーブオイルをたらして心地よい状態にし、ボディマッサージでリラックスするスチ・ダーラ2時間Rp.290万はぜひ試してみたいメニュー。花の香りに癒される、フラワーバスを含むプランもある。

DATA ⊗サレン・アグン宮殿から車で30分 Ⓗフォーシーズンズ・リゾート・バリ・アット・サヤン（→P112）内 ☎0361-977577 ⊕9〜21時 ㊡なし Ⓙ Ⓑ Ⓙ Ⓔ ㋫

エキゾチックなフラワーバス

左：一番大きなチェンダナ・ヴィラ　右：プライベート感あふれるゴージャスな造り

癒やす ウブド周辺 | MAP 別冊P17B3

ワパ・ディ・ウメ・スパ
Wapa Di Ume Spa

心と体を解き放つ自然の中の隠れ家

ウブドの素朴な自然を生かした造りで、トリートメントルームはわずか2室。窓辺にあるバスタブの先には田んぼと林だけという静寂さが魅力。スートラ・マッサージ1時間30分Rp.125万では、アロマテラピーにロミロミ、バリをブレンドしたオリジナルマッサージに加え、顔と頭皮のマッサージで全身のコリを取り除いてくれる。DATA ⊗サレン・アグン宮殿から車で10分 ⊕Jl. Suweta, Br. Bentuyung, Ubud Ⓗワパ・ディ・ウメ・リゾート内 ☎0361-973178 ⊕9〜20時 ㊡なし Ⓑ Ⓙ Ⓔ ㋫

上：2人利用でも充分な大きさのバスタブ　下：そよ風が心地よいトリートメントルーム

癒やす ヌサドゥア | MAP 別冊P5C4

リッツカールトン・スパ
The Ritz-Carton Spa

ハイドロバイタルプールで全身をリフレッシュ

ラグジュアリーなホテルスパ。おすすめはパールを使ったボディスクラブ、ラップ、マッサージでお肌を磨くイリデッセント・ディライト2時間Rp.304万。トリートメントを予約すると、併設のハイドロバイタルプールやサウナが自由に使えるうれしい特典付き。ジェットの水圧で体をほぐせば、トリートメントの効果も絶大。予約の30分前に行うのがおすすめ。水着持参で訪れたい。

DATA ⊗メイン・ゲートから車で12分 Ⓗザ・リッツカールトン・バリ（→P107）内 ☎0361-8498488（リッツカールトン内）⊕10〜22時 ㊡なし Ⓑ Ⓙ Ⓔ ㋫

上：緑に囲まれたハイドロバイタルプール
下：贅沢な広さのトリートメントルーム

癒やす ヌサドゥア | MAP 別冊P15B3

イー・スパ
Yhi Spa

海を望むトリートメントルーム

バレ式のトリートメントルームや半オープンエアの男女別ジャクジーとスチームサウナなど充実の施設が自慢。スウェーデン式や指圧など複数の技術を融合したイー・シグネチャー・マッサージ1時間20分Rp.103万5000やボディスクラブを全身に塗り血行を促進するオーセンティック・バリニーズ・リチュアル2時間20分Rp.274万などが人気。DATA ⊗メインゲートから徒歩10分 ⊕Kawasan Wisata BTDC Lot 10363 Bali-Nusa Dua Ⓗメリア内 ☎0361-771510 ⊕9〜21時 ㊡なし Ⓙ Ⓑ Ⓙ Ⓔ ㋫

上：泥のマスクが人気。リラックスしてマッサージが受けられる
下：海が目の前のトリートメントルーム

🌿 癒やす ｜ ウブド周辺 　　　 MAP 別冊P17A2

スパ・アリラ・ウブド
Spa Alila Ubud

伝統技術に専門性をプラス

解剖生理学、メディテーション、栄養学など、総合的な知識をもつセラピストが、一人一人にあったトリートメントを行う。フェイスマッサージ1時間Rp.75万など。

DATA ⊗サレン・アグン宮殿から車で35分 🄷アリラ・ウブド（→P115）内 ☎0361-975963 🕘9〜21時 🈶なし E E 🅿

🌿 癒やす ｜ ヌサドゥア 　　　 MAP 別冊P15B3

ヘブンリー・スパ・バイ・ウエスティン
Heavenly Spa by Westin

話題のハイドロプールなど
一日楽しめる充実施設が自慢

トリートメント前にはジェット水圧のハイドロプール、ソルトサウナで体をリラックス。水着持参で自由に楽しめるサービスが嬉しい。ビーチでマッサージや瞑想のメニューも受けられる。おすすめメニューはトランセンド・リチュアル2時間15分Rp.175万。バリ古来のヒーリング療法に基づいたメニュー。キャンドルナッツのスクラブと1時間30分の全身マッサージを受けられる。DATA ⊗メイン・ゲートから車で5分 🄷ウェスティン・リゾート・ヌサドゥア（→P120）内 ☎0361-771906 🕘10〜22時 🈶なし 🄹 E 🅿

上：細かくナッツを砕いた天然のスクラブを使用　下：フットバスができるガーデンに面したガゼボ

🌿 癒やす ｜ ヌサドゥア 　　　 MAP 別冊P15B4

イリディウム・スパ
Iridium Spa

広々とした空間で身も心もキレイに！

ラグジュアリーなホテル内にあるスパ。ブラウンで統一されたシックなトリートメントルームが落ち着ける雰囲気。池やガゼボ（東屋）が点在する2800㎡もの施設で、海水を使ったアクアバイタルプールや、オリジナルプロダクトを扱うブティックなども併設されている。おすすめは凝り固まった全身をときほぐすセント・レジス・スパ・シグネチャー・マッサージ1時間Rp.200万〜。DATA ⊗メイン・ゲートから車で5分 🄷セント レジス・バリ・リゾート（→P114）内 ☎0361-8478111 🕘10〜23時 🈶なし 🄹 🄹 E 🅿

上：施術後はドリンクのサービスも
下：カップル用のトリートメントルーム

🌿 癒やす ｜ ウブド周辺 　　　 MAP 別冊P17A3

マンダパ・スパ
Mandapa Spa

知識と経験を積んだセラピストに癒される

オーストラリアのスパブランド「サトル・エナジーズ」からローカルブランドのプロダクトを使ったメニューまで、洗練されたトリートメントを受けられる。全8室のウッド調のスパルームは、大きな窓のある心地よい空間。すぐそばを流れるアユン川のせせらぎにも癒やされる。おすすめはバリとジャワのマッサージを組み合わせたメビジェット・マッサージ1時間15分Rp.190万。DATA ⊗サレン・アグン宮殿から車で30分 🄷マンダパ・リッツカールトン・リザーブ（→P110）内 ☎0361-4792777 🕘9〜22時 🈶なし E 🅿

上：ロビーに置かれたフリードリンク　下：柔らかな光が差し込む明るい施術室

🌿 癒やす ｜ ジンバラン 　　　 MAP 別冊P14A4

アヤナ スパ
AYANA Spa

世界最大級のタラソスパ

タラソテラピーを導入、650㎡もある新鮮な海水を使用したアクアトニックプールなど豪華な施設が自慢だ。アクアトニックプールは2時間Rp.60万。宿泊者はRp.45万。DATA ⊗空港から車で20分 🄷アヤナ エステート（→P14）内 ☎0361-702222 🕘10〜20時（プールは12〜20時） 🈶なし 🄹 E 🅿

🌿 癒やす ｜ バリ島南部 　　　 MAP 別冊P4B4

スパ・アリラ・ウルワツ
Spa Alila Uluwatu

充実プロダクト＆絶景が自慢

インド洋に面した絶壁に立つリゾート・ヴィラ内。おすすめはコラーゲンをたっぷり含むアルティメット・フェイス・リフティング1時間30分Rp.217万5000。DATA ⊗空港から車で45分 🄷Jl. Belimbing Sari, Banjar Tambiyak Desa Pecatu 🄷アリラ・ヴィラズ・ウルワツ内 ☎0361-8482166 🕘9〜21時 🈶なし E 🅿

街なかスパ

おすすめ

🌿 癒やす | スミニャック　　　MAP 別冊P11C2

スパ・バリ
Spa Bali

美白パックとフットバスが自慢

シャンデリアが輝くゴージャスな店内で、ラグジュアリーな気分に浸れる街スパ。ゆったりとくつろげるマッサージチェアで受けるトリートメントは、リフレッシュと美をテーマにしたメニューが基本。美白の植物・バンクワンを使った足のパックが評判。アートもできるマニキュアも人気。アルティメイト・フット・バス1時間 Rp.24万はスクラブで足のざらつきをOFFした後にマッサージが楽しめる。

DATA ⊗ディアナ・ブラ通り交差点から徒歩15分 ⌂Jl. Drupadi, Seminyak ☎0811-3993700 ⏰10〜21時 休なし J E ㋿

上：仕上げには美白パックとアロマと花のフットバス
下：店内には個室もある

🌿 癒やす | スミニャック　　　MAP 別冊P11D2

チル
Chill

的確な指圧でコリをほぐすカジュアルマッサージ店

熟練セラピストの確かな施術とサービスに定評のある老舗店。おすすめはリフレクソロジーに重点をおいた全身のマッサージ。予約時にセラピストは男性か女性がリクエストできる。強めの指圧が好みなら男性が◎。アルティメット・チル1時間30分Rp.29万は足をメインに首や肩、腰などを全身マッサージ。指の腹を使った指圧ベースの施術でガンコなコリもすっきり。指先も丁寧に指圧してくれる。

DATA ⊗ディアナ・ブラ通り交差点から徒歩5分 ⌂Jl. Kunti No.118X Seminyak ☎0361-734701 ⏰10〜18時 休なし E E ㋿

上：個室はないが、席間隔を広めにとっているため窮屈さは感じない
下：仰向け中もアイマスクで完全にリラックス

🌿 癒やす | クロボカン　　　MAP 別冊P12B2

ボディ・ワークス
Body Works

便利なロケーションで島内在住の欧米人に人気

技術、サービスともに定評がある老舗の一軒で、バリ島在住の欧米人ゲストが多い。フットマッサージなどのお手軽メニューから本格的なボディトリートメントまで、豊富なメニューが揃う。おすすめは身体をほぐした後に、温めた石でリラクゼーションをはかるホット・ストーン・マッサージ1時間30分Rp.77万7000。人気があるので2〜3日前までに予約がおすすめ。

DATA ⊗オベロイ通り交差点から徒歩20分 ⌂Jl. Petitenget No.3, Seminyak ☎0361-733317 ⏰9〜22時 休なし E E ㋿

上：オベロイ通りやクロボカンのビーチから徒歩圏内　下：クイックマッサージも人気

🌿 癒やす | サヌール　　　MAP 別冊P16B4

ザ・ネスト・ビーチサイド・スパ
The Nest Beachside Spa

ビーチ沿いでリフレッシュ

サヌールのビーチフロントにあるスパ。ガラス張りの店内に明るい光が差し込む。ボディスクラブやトリートメントは自社開発のものを使用。ディープ・ティッシュ・マッサージRp.24万が人気。 DATA ⊗コミュニティセンターから徒歩7分 ⌂Jl. Duyung, Sanur ☎0361-9381523 ⏰9〜20時 休なし E E ㋿

🌿 癒やす | ウブド周辺　　　MAP 別冊P17A3

ブリス・スパ
Bliss Spa

田園に癒されるスパ

目の前に美しいライステラスが広がるスパ。バックマッサージは30分Rp.12万5000とお手頃価格。絶景スポットのため夕方の予約は必須。ウブドエリアのみ送迎サービスあり。 DATA ⊗サレン・アグン宮殿から車で12分 ⌂Jl. Raya Sarggingan, Lungsiakan, Ubud ☎0361-979272 ⏰9〜21時 休なし E E ㋿

ペリティニン
Pertenin

🌿 癒やす｜ウブド　　MAP 別冊P19C3

隠れ家のようなスパ

ウブドの中心街から少し離れた場所にある、静かな環境が魅力のスパで、心身ともにリラックスできる。マッサージは1時間Rp.15万～と、とてもリーズナブル。

DATA ⊗サレン・アグン宮殿から車で6分 ⊕Jl. Jatayu, Padang Tegal Kelod, Ubud ☎0361-972834 ⏰10～19時 ㊡なし
J E

スマート・スパ
Smart Spa

🌿 癒やす｜クタ　　MAP 別冊P6A3

街歩きで疲れた足をリフレッシュ

フット、ボディ、フェイシャルのマッサージからネイルまでメニューが豊富。フットマッサージ30分Rp.6万5000とお手頃な価格もうれしい。

DATA ⊗ベモ・コーナーから徒歩5分 ⊕Jl. Pantai Kuta No.204, Kuta ☎081-238280000 ⏰10～23時 ㊡なし
E E

プアマナ・サヌール
Puamana Sanur

🌿 癒やす｜サヌール　　MAP 別冊P16B3

サヌールの隠れ家スパ

サヌールのメインストリートであるダナウ・タンブリンガン通りから路地に入ったところにある、隠れ家的な小さなスパ。中庭のある邸宅を利用しており、プライベート感が魅力。プアマナ・ムカトレ・フェイシャル1時間Rp.50万は日本製のエッセンシャルオイルを使った表情筋のマッサージによって顔の疲れやストレスを解消し、ハリのある肌へ導く人気メニュー。アイラッシュリフトRp.30万も評判。DATA ⊗コミュニティセンターから徒歩15分 ⊕Jl. Danau Tamblingan No.79, Sanur ☎081-246922322 ⏰10～18時 ㊡なし
E E ㊦

上:施術後は中庭に面するテラスでティータイム　下:清潔感あるブルーの空間

スミニャック・ロイヤル・スパ
Seminyak Royal Spa

🌿 癒やす｜クロボカン　　MAP 別冊P13C2

バリらしさ満点のおしゃれスパ

ショップや飲食店が集まるペティテンゲット通りから歩いてすぐの場所にある。王宮をイメージしたバリ島らしいインテリアが特徴で、オープンエアの東屋で受付。4室あるトリートメントルームには、フラワーバスも用意されている。シロダラ・パッケージ2時間30分Rp.105万は眉間のツボにオイルを流し神経疲労を改善。バリニーズまたはロミロミ・マッサージ付きの人気メニュー。

DATA ⊗オベロイ通り交差点から徒歩15分 ⊕Jl. Pangkung Sari No.35, Kerobokan ☎0813-37305353 ⏰10～21時 ㊡なし E E

上:伝統家屋をイメージした建物が目印　下:部屋ではフラワーバスもできる

ウブドらしいロケーションのスパ

ウブドの自然に包まれた絶好のロケーションで受けるトリートメントは、ヒーリング効果も抜群!

マンゴー・ツリー・スパ・バイ・ロクシタン　渓谷を見下ろすように建てられたトリートメントルームが自慢。大自然のなかで、フランスの人気ブランド、ロクシタンのコスメを使ったメニューを体験できる。マンゴーオイルを使ったマッサージ、マンゴー・タンゴ1時間US＄82は、アンチエイジングと美白効果がある。

⊗サレン・アグン宮殿から車で20分 ⊕Kedewatan, Ubud 🏨クブ・バロン・ヴィラズ&ツリー・スパ内 ☎0361-975478 ⏰9～19時 ㊡なし 別冊MAP／P17A3

そのほかのロケーションスパ

ルンバ・スパ→P78
テタ・スパ・バイ・ザ・シー→P79
カルマ・スパ→P79
ロイヤル・キラーナ→P80

ツリーハウスで施術を受ける

左:ロクシタンと共同開発したマンゴーオイルを使用　右:絶景のトリートメントルーム

🌿 癒やす ｜ ヌサドゥア ｜ MAP 別冊P15A3

フランジパニ・エステティックス
Frangipani Esthetics

**高台から街並みやビーチを
一望する充実のスパ**

豪邸のような設備とアットホームな雰囲気が評判。ガゼボからの見晴らしもよく、じっくり滞在するように楽しみたい。ゴージャスなヴィラ棟にも注目だ。メニューは、脳神経を休めストレスを取り除く、アーユルヴェーダの伝統的なヒーリングトリートメントであるシロダーラやマッサージなどが含まれたチャクラ・トリートメント・コンプリートリー5時間Rp.182万のパッケージメニューが人気。空港までの送迎も可能。

DATA 🚗メインゲートから車で15分 🏠Jl. Bypass Ngurah Rai, Complex Puri Bendesa No.18, Nusa Dua ☎0812-39219908（日本語ダイヤル）🕘9～23時 🏠不定休 ⓙⒷⓊⒺ ㋐

天然のオーガニックコスメ

上：広々としたロビーで、カウンセリングとメニューの選択をする　下：第3の目とよばれる部分に温かなオイルをたらすアーユルヴェーダも体験できる

🌿 癒やす ｜ ジンバラン ｜ MAP 別冊P14B4

ラヴィ
La'vie

**イタ気持ちいいマッサージで
体がすっきり軽くなる**

バリ式のマッサージ技術に、指圧や整体、タイ古式などをミックスしたオリジナルの手法が評判。全身マッサージではオイルを使用しないので、ショッピングの合間や帰国前にも立ち寄れるのが魅力だ。コリや疲れを取り除く。フット・リフレクソロジー・マッサージ1時間Rp.34万5000～も疲労回復に効果絶大。そのほかフットとボディのマッサージを組み合わせたプランもある。

DATA 🚗空港から車で15分 🏠Jl. Kampus Unud No.18, Jimbaran ☎0361-8953489 🕘12～22時 🏠なし ⓙⒷⓊⒺ ㋐

上：体のゆがみを矯正し、リンパの流れをよくする。日本語も通じるので安心　下：リフレクソロジー専用席は7席ある

🌿 癒やす ｜ クタ ｜ MAP 別冊P7D1

コージー
Cozy

人気のフット・メニューを

お手頃価格なのにハイレベル、と口コミで評判が広まったスパ。特にペパーミントのフットソルトを使ったフット・フェイシュ1時間30分Rp.35万5000が人気。

DATA 🚗ベモ・コーナーから車で10分 🏠Jl. Sunset No.66, Kuta ☎081-238506611 🕘11時30分～21時（土・日曜～22時）🏠なし Ⓑ Ⓔ ㋐

バリ島、魅惑のスパメニュー

**究極の癒しが体験できると評判の高い、
バリ島のスパの基本メニューをご紹介。**

バリニーズ・マッサージ　アロマオイルを使う伝統のマッサージ。リンパ液の流れに沿って足から手、背中、腹部へと穏やかに指圧する。

フラワーバス　バスタブいっぱいに花を浮かべたお風呂。ハーブバスやミルクバスもある。

ジャムー（生薬）　ジャムーやハーブティー、ジンジャーティーなどは、体を温めリラックスさせてくれる効果がある。

ルルール　米の粉をベースにターメリック、サンダルウッドなどのスパイスとハーブを水で溶き、全身に塗り、肌の角質を取り除く。

タラソテラピー　フランスが発祥の海水と海藻を用いるセラピー。ミネラルやビタミンを肌から吸収して、代謝の促進をはかる。

アーユルヴェーダ　インドの伝統医療で、第3の目とよばれる額にオイルをたらすシロダーラが人気。

フェイシャル　クレンジング、マッサージ、パックでケア。パックにはオリジナルの素材を用いるなどこだわりがある。

リフレクソロジー　足裏マッサージのこと。フットバス付きが多いのがバリ島の特徴だ。

クリームバス　バリ島スタイルのヘアエステで、栄養豊富なクリームで頭皮をマッサージし、スチームで温める。気分も爽快に。

上：バリ島のスパのほとんどに「ルルール」のコースがある　下：一度は試してみたい「クリームバス」

観光スポット
Sightseeing

素朴な原風景が広がるライステラス、

パワースポット、山や海でのアクティビティ。

見て・体験して大満喫のスポットが待っています!

見渡す限りの絶景！
ライステラス

山や渓谷の斜面に、
青々とした水田が階段状に広がるライステラス。
古くから稲作が盛んなバリ島ならではの田舎風景を訪ねよう。

どこまでも続く
素朴な田園地帯に抱かれる

バリ島中央部 | MAP 別冊P3C3

ジャティルウィ
Jatiluwih

バトゥール山を北東に望む山懐に広がるライステラス。傾斜はゆるやかで、どこまでも広がるのびのびとした田園風景を楽しめる。道路沿いに車を停めて田んぼのあぜ道を散策することができ、道路沿いには眺望のよいレストランも並ぶ。2012年に世界遺産にも登録されている。

DATA ⊗ウブドのサレン・アグン宮殿から車で2時間 ⊕Rp.4万（駐車料金含む）

3

╔═══ 見学Point ═══╗

バリ島初の
〝**世界遺産**〟に登録

ジャティルウィのライステラスは、「バリ州の文化的景観:トリ・ヒタ・カラナ哲学に基づくスバック・システム」として、ユネスコの世界文化遺産の構成要素の1つになっている。9世紀頃から受け継がれているという、農業のための水利システム「スバック」が、バリ島独特の景観を作り出している。

スバック・システムとは？

灌漑用水を農家で平等に分け合う水利組合システムのこと。湧水が寺院に集められ、そこから各地域に平等に分配されている。

1 ジャティルウィは「ほんとうにすばらしい」という意味 **2** ライステラスビューを楽しめるレストランも数軒 **3** 丘陵地を利用して造られた水田の用水路はスバック・システムで管理されている

棚田を望みつつカフェタイムを

渓谷の斜面に広がる

1 絶景を楽しめるレストランやカフェが点在している　**2** 比較的気温の低い午前中がおすすめ　**3** 道路沿いに車を停めて、ライステラスの中を散策できる

ウブド周辺　MAP 別冊P17B1

トゥガララン
Tegallalang

ウブド郊外の小さな山間の村にあるライステラス。急勾配になった渓谷の斜面の両側に棚田が続き、迫力のある景観が楽しめる。青々とした田んぼの中には藁葺き屋根の建物が点在し、のどかな雰囲気が魅力。ウブドからも近く、世界中から旅行客が集まる。

DATA ⊗ウブドのサレン・アグン宮殿から車で30分
⊛Rp.2万5000

見学 Point

カフェから眺めるのが最高

ライステラスの付近には、絶景を眺めながらランチや休憩ができるレストラン・カフェが点在。ランチタイムは特に混雑するので、渓谷の斜面に並ぶガゼボ（東屋）席など景色のいい席は早めにキープを。絶好の撮影スポットでもある。

●テラス・バディ・カフェ→P47

ワイドなパノラマを
楽しめる
穴場のライステラス

バリ島中央部　MAP 別冊P3C2

パチュン
Pacung

ウブドから北へ約30km、標高800mの丘陵地に作られた段々畑。大通り沿いに車を停め、遠く広がるライステラスのパノラマを眺めることができる。散策することはできないが、広々とした景観が特徴で、気持ちのよい眺望スポット。観光客も少なく、静かで穴場的な存在といえる。

DATA ⊗ウブドのサレン・アグン宮殿から車で2時間10分

見学 Point

見学はランチをしながら

ライステラスのさらに北には人気のスピリチュアルスポット、ウルン・ダヌ・ブラタン寺院（→P97）がある。寺院を見学後、ライステラスを望むレストランでランチをするのがおすすめ。

1 車で寺院などを巡る際に、ランチで訪れる旅行者が多い　**2** ゆるやかな丘に沿って棚田が広がる　**3** オープンエアのレストランからは迫力ある景色が眺められる

大自然で深呼吸！

島アクティビティ

セーリングカタマランのアリストキャットで行くプランはRp.199万（所要9時間）

最大316人が乗船できる大型クルーズ船。朝はマフィン、コーヒー、紅茶のサービスあり

海
SEA
あそび

ビーチや離島での遊びにこと欠かないのがバリ島の魅力！定番アクティビティから穴場に行けるツアーまでご紹介

クルージング

波風を切りながら離島へGo！

1日フルで海を満喫したい人は、クルージングがおすすめ。朝、大型クルーズ船でブノア港（別冊MAP／P5C2）を出港し、約1時間のクルージングでレンボンガン島へ。美しいビーチでのシュノーケリングやバナナボートが無料で楽しめるほか、BBQランチも含まれた充実の内容。

体験ダイビングやパラセーリングなども可能（有料）

申込先DATA

バリハイ・クルーズ
Bali Hai Cruise

☎0361-720331 受付7時〜20時30分 なし
ビーチクラブクルーズRp.180万5000（所要7時間）
※1日前までに要予約（送迎あり）

フライフィッシュ
バナナボートの進化形といわれ、スピードが上がって空中に浮かぶ瞬間はスリリング。US$40（2名より。2ラウンド）

マリンアクティビティ

思いっきり海を満喫！

パラセーリングやバナナボートなどのマリンスポーツを楽しむなら、数多くのマリンショップがあるタンジュン・ブノアが一番。また、サーファー憧れのバリ島で、サーフィンにチャレンジするなら、クタのサーフショップへ。

申込先DATA

ビーエムアール
BMR

☎0361-771757
受付9〜16時（電話受付は8〜22時）
なし アクティビティにより異なる
※1日前までに要予約（送迎あり、有料）

パラセーリング
パラシュートを装着し、モーターボートで引っ張られるとフワリ上空へ。気持ちいい空中散歩が楽しめる。US$50（1ラウンド）

ジェットスキー
エンジン付きのボートで海面を爽快に駆け抜ける！インストラクターが同乗するので初心者でも安心。US$45（所要15分）

バナナボート
バナナ型のボートをモーターボートが引っ張る定番アクティビティ。振り落とされるとテンションは最高潮に。US$30（2名より。所要15分）

サーフィン

初心者でも
気軽に楽しめる

よい波が立つバリ島有数のサーフスポット、クタ・ビーチは初心者でも安心して波に乗れる。ビデオ講習後のレッスンで、その日のうちに立てる人がほとんど。

プライベートレッスンでは生徒1人にインストラクター1人が付く

申込先DATA

デコム・サーフィン・スクール
DEKOM Surfing School
☎0812-46172525 働受付8〜17時 働なし 倒初心者向けセミプライベートコースUS$31〜（所要3〜5時間）※1日前までに要予約（送迎あり、エリアにより有料）

入口のユニークなカメが目印

浜辺でイメージトレーニングを行うので安心！（左）、レッスン後は修了証書がもらえる（右）

ペニダ島の秘境ビーチ巡り

〝魔物の島〟に行く日帰りツアー！

最後の楽園といわれるペニダ島（別冊MAP／P3D4）。美しい海と丘からの絶景が人気。かつて魔物が住んだといわれる秘境感たっぷりの島を1日で満喫するツアー。

サンゴ礁の海を堪能するために流れを利用したドリフトシュノーケリング

ライフジャケットとフィンも貸してもらえる。30〜40分のシュノーケリングのあとはランチタイム

レンボンガン島からスピードボートでサンゴ礁のあるポイントへ移動してシュノーケリング

ペニダ島で一番人気の絶景スポット「クリンキン・ビーチ」（左）、自然が生んだ造形美「ブロークン・ビーチ」（右）

申込先DATA

バリ倶楽部
Bali Club
☎081-1398-8488 働受付8時30分〜17時頃 働なし 倒ペニダ島シュノーケリング＆秘境ビーチUS$150（所要12時間）※1日前までに要予約（送迎あり）

シュノーケリング

美しい海を堪能するなら

泳ぎながら海中景色を気軽に楽しめるシュノーケリング。海は場所によって違う表情を見せるので、自分では行けないポイントに連れて行ってくれるツアーに参加するのがおすすめ。

サンゴ礁の間を熱帯魚が泳ぐ海はいつまでも潜っていたい美しさ

ツアーには、レンボンガン島のマングローブの森を小舟で進むクルーズも含まれる

申込先DATA

バリ倶楽部
Bali Club
☎倒左記参照 倒レンボンガン島マングローブ＆シュノーケリングUS$115（所要9時間）※1日前までに要予約（送迎あり）

※各ツアーの催行条件、参加条件、食事や飲み物の有無、持ち物、送迎の詳細については、予約時に必ず確認を。

山 MOUNTAIN あそび

島の北部まで足を運ぶと
山と田んぼの大自然。
動物ふれ合いスポットや、
流行りのヨガスタジオ
などをチェックしよう！

タロ村には、スマトラゾウが生息
するのに適した環境がある

エレファントライド

ウブドの森の人気体験！

ウブドの森で暮らすゾウ達に
出会える、ユニークなサファリ
パーク。ゾウ乗り、エサやり体
験、ショーなど、すべて楽しみ
たい人は、ビュッフェランチ付
きのサファリライドツアー
Rp.139万5000（所要4時間、1
日前までに要予約、送迎あり）
をチョイス。

DATA | MAP 別冊P3C3

タロ村メイソン・エレファント・パーク
Mason Elephant Park in Taro

⊕ウブドのサレン・アグン宮殿から車で40分
⊕Jl. Elephant Park Taro, Desa Taro kaja
Tegallalang, Ubud ☎0361-8988888
⊕7～18時 ⊛なし ⊛入場Rp.110万1500
（エレファントライド含む）E

ちょっとドキドキのエサやり体験。
一緒に記念撮影も可能

ゾウの上から見
る景色に感動！

オランウータンと
ふれ合うこともできる

かわいいゾウ
のファブリッ
クが迎えてく
れるリゾート
ホテルを併設

絵描きなどのエレファントショーは1日5回

オランウータンの
ショーは毎日開催
している

インドネシア、ア
フリカ、インドゾ
ーンにわかれた
サファリへは、
かわいいバスに
乗って潜入！

絶滅危惧種のスマトラタイガー
との記念撮影ブースも

サファリパーク

あこがれの動物とふれ合える

亜熱帯の自然を生かした50haの広
大な敷地に、約60種類の動物が暮ら
すサファリ、ミニ遊園地、プール、水族
館などがあり、丸1日遊ぶことができる。
アニマルショーや、エサやり、ふれ合
い体験プログラムも充実。

DATA | MAP 別冊P3C3

バリ・サファリ＆マリン・パーク
Bali Safari & Marine Park

⊕空港から車で1時間 ⊕Jl. By Pass Ida
Bagus Mantra Km. 19, 8 Gianyar
☎0361-950000（予約は0361-2098100）
⊕9～17時、18～21時（ナイトサファリ）
⊛なし ⊛Rp.80万 E

間近で動物を見学できるサファリパーク

バリニーズ・ヨガ

自然との調和を感じられる

バリニーズ・ヨガとは、気の流れに意識を向けるヨガで、絶大なヒーリング効果が得られる。島内のいたるところで受けられるが、ウブドの緑の中にある開放的なスタジオがイチオシ。

レッスンのスケジュールは公式サイト（www.ubudyogahouse.com）で確認を。バリニーズ・ヨガは初心者でもOK

> **DATA**　MAP 別冊P17A3
>
> **ウブド・ヨガ・ハウス** Ubud Yoga House
>
> ⊗サレン・アグン宮殿から徒歩25分 ⊕Jl. Subak Sok wayah, Ubud ☎0821-44181058 ⊛7時30分～9時、9時～10時30分、9時30分～11時（月～土曜）、16時30分～18時（火・木曜のみ）⊛日曜 ⊕Rp.15万～ ⊗J E ㊨※ハイシーズンは必要

立ち弓のポーズ
ボディラインを整えてくれる。集中力向上にも効果的

三角のポーズ
側面を伸ばすポーズ。腹筋を意識すると上手にできる

英雄のポーズ
下半身の引き締めと、体のバランスを整えるのにいい

木のポーズ
集中力アップに効果的。肩こりやむくみの解消にも◎

らくだのポーズ
腸の働きを改善するポーズ。便秘や下痢にも効果的

ラフティング

スリル満点の渓流下り

変化に富んだコースが楽しめるアユン川でツアーが催行されている。ラフティングの後は、シャワーを浴びてインドネシア料理のランチを。

アユン川を約2時間かけて下る

7～65歳なら誰でも参加できる気軽なスポーツ

> **申込先DATA**
>
> **ソベック**
> Sobek
>
> ☎0817-9752345 ⊛受付6時30分～22時（英語のみ）⊛なし ⊕ラフティングUS＄79（所要2時間30分）J E

美しい渓谷の景色も楽しめる

ヘルメットと手袋を装着していざ出発。現地の文化について解説してくれるガイドさんの話もおもしろい

ライステラス・サイクリング

美しい景色を駆け抜けよう

ライステラス（棚田）のなかを自転車で走る爽快なツアー。キンタマーニのプルドゥ村をスタートし、田舎の村、古い寺院、農園を走る約25kmのコース。ランチ付き。

> **申込先DATA**
>
> **ソベック**
> Sobek
>
> ☎㊨左記参照 ⊕マウンテンサイクリングUS＄79（所要9時間30分）※1日前までに要予約 J E

ライステラスの中を走り、ゴール地点のアブアン村へ

途中、寺院や民家などに立ち寄る。サイクリングは約2時間30分

※各ツアーの催行条件、参加条件、食事や飲み物の有無、持ち物、送迎の詳細については、予約時に必ず確認を。

神々の島を体感！

パワースポット

人口の90％以上がバリ・ヒンドゥーを篤く信仰するバリ島。
これらのスポットに足を運べば、
神々の島と呼ばれるゆえんがきっとわかる

3大
パワー
スポット

聖峰アグン山に立つ最古の寺院

神が伝って降臨するとされるメル（塔）が立ち並ぶ、
ブサキ寺院の中心にあるブナタラン・アグン寺院。
最高神シヴァを祭るメルは格式が最も高い11層

バリ島東部　[MAP]別冊P3C3

ブサキ寺院
Pura Besakih

アグン山南麓の標高1000
mにあるバリ・ヒンドゥー教
の総本山。ヒンドゥーの3大
神を祭る3つの寺院を中心
に、約20の寺院が点在。歴
史はこの地が仏教僧の修行
の地だった8世紀に始まり、
16世紀に王族の寺院となっ
てから力を強め、以降現在
までバリ人の心のよりどころ
となっている。

DATA ⊗ウブドのサレン・アグン宮
殿から車で1時間20分 ⊙8～17
時 ⑭なし ⑭Rp.6万

1 チャンディ・ブンタル（割れ門）。悪
い気がくぐろうとすると門が閉じ
て進入を防ぐとされる　2 観光客
は、階段を上った先にあるチャン
ディ・クルン（屋根付き門）までしか入れないので、外壁を
歩いて外から見学をする。腰にサロンを着用すること
3・4 階段左右に立つ像は、左が神（善）で、右が鬼（悪）

不老不死の
聖水が湧く泉

バリ島中央部 | MAP 別冊P3C3

ティルタ・ウンプル寺院
Pura Tirta Empul

11世紀頃に造られた寺院。インドラ神が大地を杖で突き、湧き出でた聖水で神々を蘇らせたという泉が残り、その聖水を引いた沐浴場がある。この水はヒーリング効果が高く、目的ごとに水の吹き出し口が異なる。観光客でも沐浴をすることが可能。

DATA ⊗ウブドのサレン・アグン宮殿から車で1時間 ⏰8〜17時 休なし 料Rp.5万

1 聖水の湧出地は沐浴場の奥にある。周囲には静謐な空気が漂う **2** 沐浴場には22カ所の吹き出し口がある **3** 祭りの日には多くの地元民が沐浴をしたり水をくんだりする姿が見られ、バリ人の信心深さを感じることができる

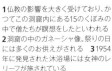

多くの謎が残る
洞窟寺院

1 仏教の影響を大きく受けており、かつてこの洞窟内にある15のくぼみの中で僧たちが瞑想をしたといわれる **2** 洞窟の中のガネーシャ像。祭りの日には多くのお供えがされる **3** 1954年に発見された沐浴場には女神のレリーフが施されている

ウブド周辺 | MAP 別冊P17B4

ゴア・ガジャ
Goa Gajah

象の洞窟という名前の寺院跡。11世紀に造られたものだが、その歴史は未だ謎が多く明らかになっていない。魔女ランダのレリーフが入口になった洞窟の奥には、商売・学業の神であるガネーシャ像、ヒンドゥーの3大神を意味する3つのリンガ(男根)像が鎮座する。

DATA ⊗ウブドのサレン・アグン宮殿から車で20分 ⏰8〜17時 休なし 料Rp.5万

知る人ぞ知る パワースポットはこちら！

バリ島東部 | MAP 別冊P3D3

ランプヤン寺院
Pura Lempuyang

災いを浄化する天空の寺院
バリ人が開運祈願に参拝する寺院。標高1200mのスラヤ山頂に立ち、石段を約2時間かけて上る山頂からの眺めはまさに絶景。

DATA ⊗ウブドのサレン・アグン宮殿から車で2時間 ⏰6〜18時 休なし 料Rp.5万5000+シャトルバスRp.4万5000

日本語ガイド付きのチャーターカー
(→別冊P22)が便利

バリ島北部 | MAP 別冊P3C2

ウルン・ダヌ・ブラタン寺院
Pura Ulun Danu Bratan

湖上の美しい寺院
チャンディクニン公園内にある寺院で、雨期にはメルが湖面に浮いているかのように見えて美しい。紙幣の絵柄にもなったこともあり、有名なパワースポット。

DATA ⊗ウブドのサレン・アグン宮殿から車で1時間30分 ⏰8〜18時 休なし 料Rp.7万5000

敷地内最大のパワースポットは
仏教建造物の塔

バリ島北部 | MAP 別冊P3C2

バリ植物園
Bali Botanical Garden

植物園内の神木に注目
島内唯一の植物園。敷地内にあるギリ・プトゥリ寺院のすぐ近くにあるガジュマルの木は、精霊が宿る聖なる木として知られている。

DATA ⊗ウブドのサレン・アグン宮殿から車で1時間30分 ⊕Eka Karya Bali Botanic Garden,Candikuning Baturiti, Tabanan ☎0368-2033211 ⏰8〜16時(土・日曜は〜17時) 休なし 料Rp.2万(土・日曜はRp.3万)

熱帯植物もいろいろある

美しい神秘の舞に魅せられる
バリの伝統舞踊

宗教礼儀で演じられるバリの民族舞踊。
20世紀に娯楽としても発展し、
ケチャッ、レゴン、バロンを中心に、
ひとつの公演でいくつかの踊りが披露される。
ストーリー性の高さにも注目しよう

左がラーマ王子、
右がシーター姫

独得なリズムの
合唱が繰り広げられる

男たちの合唱が響き渡る ケチャッ Kecak

円になった男たちの中央で
繰り広げられる、古代インドの叙事詩
『ラーマーヤナ物語』。
男たちの合唱と「チャッチャッ」という、
かけ声のなかで物語は展開していく。

「チャッチャッ」と次第に
トランス状態に

『ラーマーヤナ物語』
ヴィシュヌ神の化身であるラーマ王子が、魔王ラーヴァナにさらわれた妻シーター姫を救い出す物語。ハイライトでは、サルの将軍ハノマンの協力を得て、無事に姫の救出に成功する。

ハノマンがシーター姫の元へ。
魔王一味に捕らわれ、
火の輪に閉じ込められるが無事に
脱出し、物語はクライマックスへ

クライマックスの
魔王ラーヴァナと
男たち

火の輪の
護衛のなかで
舞う、美しい
シーター姫

最初は、ラーマ王子と
シーター姫の愛の舞。
美しい手の動きと
目線の使い方に注目

姫はもらった

シーター姫の
美しさに魅了された
魔王ラーヴァナが、
姫を連れ去ってしまう

ありがとう王子！

ラーマ王子とハノマンが、
魔王の息子ガナダと戦い勝利

最も美しいといわれる古典舞踊
レゴン
Legong

宮廷女官と2人の天女が出会うシーン

『パンジ物語』
別れと再会がテーマのインドネシアの古典物語。婚約者同士のパンジ王子とランケサリ王女が、別れという苦難を乗り越え再会し、結ばれる話。

各地でそれぞれ発展した宮廷舞踊。そのため、物語、曲、振り付けなどが異なる20種類以上のレゴンが存在する。有名なのは『パンジ物語』を題材にしたレゴン・ラッサム。

宮廷女官と2人の天女が登場し、3人の舞のあと物語が始まる

ラッサム王、あなたは死ぬと出ているわ

何を言われても戦うぞ

森で迷ったランケサリ王女は、ラッサム王に助けられる。王は求婚するが、婚約者のいる王女は拒否し、死を予言する

怒ったラッサム王はパンジ王子との戦いに向かうが、途中現れた神鳥ガルーダにまた死を予言される。それでも戦地へと向かうところで舞台は終わる

聖なる獅子バロンの舞
バロン
Barong

物事には必ず陰と陽が存在することを表す踊り。物語の展開は公演グループによって異なるが、基本的には、善の象徴である聖獣バロンと、悪の象徴である魔女ランダの戦いを描く。

黒魔術を操る魔女ランディン・ディラと、白魔術を操るンブ・パラダが、それぞれランダ、バロンに変身し、終わりなき戦いを繰り広げる。

聖獣バロンの派手な装いにも注目

魔女ランディン・ディラに黒魔術を習う少女たちの舞

ランディン・ディラに悪行をやめるよう申し入れるンブ・パラダ

もう悪いことはやめなさい

ランディン・ディラがランダに変身。ンブ・パラダもバロンとなって戦う。村人たちも参加して戦いは続くが、ランダに操られた村人たちが自害し舞台は幕を閉じる

※公演の詳しい情報は別冊P23参照。

そのほかの踊り

サンヒャン
Sanghyang

土着信仰として災害時に行われた儀式のひとつ。神が憑依しトランス状態で踊る秘儀だった。現在のケチャックの原型でもある。

テレック
Telek

善の面を付けた4人の美しい女性（テレック）の舞。後半では悪の面を付けたジャウックが荒々しく踊りを披露する。

バリス
Baris

バリスとは宮廷を守る戦士のこと。男性ダンサーによる戦士の舞は威嚇する表情、手の動き、力強い足使いなど、勇ましく美しい。

トペン
Topeng

仮面舞踊のなかで最も人気のある踊り。写真の「トペン・トゥア」は老人のキャラクターで登場し、コケティッシュな舞を披露する。

崇高なガムランの音色

バリ舞踊で欠かせないのが、ガムランとよばれる民族音楽。楽器そのものもガムラン（叩かれるもの）とよばれ、その音色は、一度聞いたら忘れられない美しさ。ケチャッとバロン以外の舞踊では、必ず演奏される。

おすすめ

寺院・宮殿・遺跡

イエッ・プル
Yeh Pulu

バリ島最古の遺跡の一つ

長さ約25m、高さ約2mの岩肌に彫られたレリーフが残された一角。全部で5場面あり、狩りの様子や獲物を持ち帰る男たちの姿などが生き生きと描写されている。14世紀後半に造られたという。

DATA ⊗サレン・アグン宮殿から車で20分 ⑳8～17時 ㊡なし ㊎Rp.3万 所要時間 ～30分

タナ・ロット寺院
Pura Tanah Lot
必見 眺め

海の守護神を祭る幻想的な眺めの寺院

インド洋に突き出た岩山に立つ寺院。バリ・ヒンドゥー6大寺院の1つで、夕暮れ時は夕日に輝く海と空をバックに幻想的なシルエットを描くことでも有名。16世紀にここを訪れたジャワ島の高僧ダン・ヒャン・ニラルタが、神々が降臨するのにふさわしい場所として、海の守護神を祭る寺院を建てるよう村人にすすめたという。一年中参拝者が絶えず、観光客も多い。干潮時には寺院まで渡れるが、異教徒は門の中には入れない。対岸の高台にある眺めのよい野外レストラン（ワルン）では、テラス席の確保は早めに。日の入りは一年を通じて18時前後だ。

DATA ⊗オベロイ通り交差点から車で40分／デンパサールから車で40分 ⑳7～19時 ㊡なし ㊎Rp.6万 所要時間 30～120分

上：タナ・ロット寺院の対岸にある野外レストラン（ワルン）からの眺め　中：夕日をバックにしたシルエットがことのほか美しい　下：バリの人々が厚い信仰を寄せている寺院

グヌン・ルバッ寺院
Pura Gunung Lebah

高僧ゆかりのウブド発祥の地

チュリッ川とウォス川の合流する谷間に立つバリ・ヒンドゥー教の寺院。8世紀、ジャワ島の高僧ルシ・マルクンディヤが数百人の信徒を連れてアグン山へ詣でる途中、この渓谷に魅了され寺院を建立したといわれている。その際、一部の信徒はウバド（薬草）の宝庫でもあったこの地を切り開いて永住し、地名を「ウバド」としたが、後年「ウブド」に変化したと伝えられている。

DATA ⊗サレン・アグン宮殿から徒歩15分 ⑳9～17時 ㊡なし ㊎お布施(目安Rp.2万。祭行事時のみ入場可) 所要時間 30～120分

上：寺院の奥には、彩色されたヒンドゥーの神が祭られている　下：緑に囲まれた小さな寺院

サレン・アグン宮殿
Puri Saren Agung

ウブド王朝の宮殿跡

16世紀にウブド王朝の宮殿として建設され、今もスカワティ王家の人たちが暮らす。色とりどりの南国の花が咲き乱れる前庭では、毎晩バリ舞踊が催される。

DATA ⊗パサール・ウブドからすぐ ⑳9～18時(公演時を除く) ㊡なし ㊎無料(バリ舞踏鑑賞はRp.10万) ※バリ舞踊の公演(→別冊P23)はウブドの観光案内所で確認を 所要時間 30～120分

📷 見る ｜ バリ島東部　　　　　MAP 別冊P3C3

スマラプラ宮殿
Puri Semarapura

古都の栄華をしのぶ宮殿跡
貴重な文化遺産

18〜20世紀初頭に栄えバリ島全土に影響を及ぼしたとされるスマラプラ王朝の宮殿跡。現在は一般公開され往時の繁栄ぶりを伝える。池に浮かぶように造られた王族の休憩所で「水の宮殿」とよばれるバレ・カンバンや1942年まで実際に使用されていた当時の裁判所などがあり見ごたえ充分。カマサンスタイルという技法で描かれた天井画は生前の行いの戒めや死後の世界が描かれていて興味深い。博物館もあり王家の宝物やオランダ軍との戦いに関する資料などが展示されている。

DATA ⊗ウブドから車で30分
🕐朝〜夕方　⊗なし
💰Rp.5万
所要時間30〜120分

左:黒白黄茶の5色を使う、カマサン・スタイルの絵画　右:宮殿の入り口　下:庭園内にある王族の休憩所、バレ・カンバン

📷 見る ｜ バリ島南部　　　　　MAP 別冊P4A4

ウルワツ寺院
Pura Uluwatu

🔭眺め ⚠必見

断崖絶壁に立つ絶景ポイントの古刹

バドゥン半島の西端、絶壁の上に隣り合わせにして立つルフゥール・ウルワトゥ寺院とダルム・ジュリッ寺院の総称。ルフゥール・ウルワトゥ寺院は9〜10世紀にジャワの高僧ウンプ・クトゥランによって建てられた、バリ6大寺院のひとつに数えられている古刹。境内からはインド洋に沈む壮大な夕日が眺められる。

DATA ⊗空港から車で45分
🕐7〜19時(ケチャッは18時ごろ〜)　⊗なし　💰Rp.5万(ケチャッ鑑賞はRp.15万)　所要時間30〜120分

上:遊歩道には野生のサルがいるので注意　下:駐車場から崖沿いの遊歩道を歩いて寺院へ

📷 見る ｜ ウブド周辺　　　　　MAP 別冊P17B4

プスリン・ジャガッ寺院
Pura Pusering Jagat

初期王朝時代をしのぶ歴史深い古寺

ウブド近郊の細い道の奥に、ひっそりと立つヒンドゥー寺院。かつて一帯は強大な勢力を誇ったペジェン王国の中心地で、王朝最盛期の1329年に建立されたことから、「世界の中心」である寺院とよばれる。寺院内には、村の闘鶏場も併設されている。

DATA ⊗サレン・アグン宮殿から車で20分　🕐8〜17時　⊗なし　💰お布施(目安Rp.2万)　所要時間〜30分

バリ・ヒンドゥー教

バリ島を理解するには、まずバリ・ヒンドゥー教とその世界観を知っておこう。

聖なる山に神が住まう

バリ島の宗教はバリ・ヒンドゥー教と呼ばれ、アニミズム、祖霊信仰に仏教やヒンドゥー教が交じり合った独特のもの。山は神の住まい、海は魔物が徘徊する場所とされ、山のある方角をカジャ、海のある方角をクロッドと呼び、祠や重要な祭壇は山側に位置している。

暮らしに根付く二元論

バリ・ヒンドゥーに特徴的な、海と山、善と悪、陰と陽などの二元論の根幹には、「ルワ・ビネダ(2つの別のもの)」という哲学がある。2つの相反する原理が調和することで、世界のバランスが保たれるとするもので、バリ島の人々は、天界の神々に感謝すると同時に、地界の悪霊にもお供えを絶やさない。

割れ門 寺院の入口に立ち、聖なる山へ向かう象徴

メル この塔を伝って神々が降臨するとされる

バレ 東屋(あずまや)。さまざまな用途がある

奥の門 寺院の奥にある境内への狭い門。中央は僧侶と神、両脇は一般の参拝者の出入口となっている

📷 見る ｜ ウブド周辺　　　MAP 別冊P3C3

グヌン・カウィ
Gunung Kawi

必見

深い渓谷に佇む王家の石窟墓

バリ島起源の初の王朝であるワルマデワ王家の墓として11世紀に造設された、バリ島最大の石窟遺跡。巨大な岩壁に直接彫られた9基のチャンディ（墓陵）は、4代王、5代王とそれぞれの王妃、建設者である7代王と4人の王妃のもの。聖なる川の両岸に向かい合うように建てられているのは、来世での復活を祈願したものといわれる。周囲には王墓を守る守護寺院や美しいライステラスが広がる。

DATA ⊗サレン・アグン宮殿から車で40分／タンバクシリンから車で15分　⏰8時30分〜17時　休なし　料Rp.5万　所要時間30〜120分

上：入場料を払い、バリスタイルの門をくぐって陵墓へ向かう
下：川岸の岩を削って造られた大規模な王家の陵墓

📷 見る ｜ メングウィ　　　MAP 別冊P3C3

タマン・アユン寺院
Pura Taman Ayun

必見

最高の格式を表す11層のメルが立つ

1634年に建設が始まったとされ、当時バリ島中部で最大の勢力を誇ったメングウィ王国の国寺として栄えた歴史をもつ。バリ島でブサキ寺院に次いで2番目に大きな寺院といわれ、一時荒廃したが20世紀に修復され今の姿になった。広い境内にはアグン山を模したとされる10基のメルや噴水、池が配され、最高の格式を表す11層のメルも4基並ぶ。観光客は重要な儀式を行う区画（ジェロアン）には入場不可だが、周囲にめぐらされた壁の外から見学可能だ。

DATA ⊗クタから車で1時間10分／デンパサールから車で45分　⏰8〜18時　休なし　料Rp.3万　所要時間30〜120分

上：境内の奥には、ガルーダ像が立っている　左下：門を守る美しい神像に注目　右下：ジェロアンに立つ11層のメル

📷 見る ｜ バリ島東部　　　MAP 別冊P3C3

ゴア・ラワ寺院
Pura Goa Lawah

コウモリが棲む洞窟が祭壇

ゴア・ラワとは「コウモリの洞窟」という意味で、その名のとおり、コウモリが棲む洞窟が本殿になっている。3カ所の通り道のうち、中央は神様専用なので人は立入禁止。

DATA ⊗ウブドから車で1時間30分　⏰8時〜18時30分　休なし　料Rp.2万　所要時間30〜120分

📷 見る ｜ デンパサール　　　MAP P42A1

ジャガッ・ナタ寺院
Pura Agung Jaga Nata

最高神を祭るデンパサール最大の寺院

1968年に建立された、バリ・ヒンドゥーにおける最高神サン・ヒャン・ウィディを祭る寺院。サン・ヒャン・ウィディは、シヴァ、ビシュヌ、ブラフマーの3大神をはじめとするヒンドゥーの神々を内包する万神で、イスラム教徒が多いインドネシアにおいて唯一神への信仰が国是となったことから生じた独特の神といえる。寺院中央には太陽神のためのパドマサナと呼ばれる白亜の塔がそびえる。

DATA ⊗ププタン広場から車で10分　⏰8〜18時　休なし　料お布施（目安Rp.1万）　所要時間30〜120分

上：外周壁のそれぞれの門の前には一対の門衛神が置かれている
下：太陽神スリヤのための神座パドマサナ

📷 見る ｜ バリ島中央部　　　MAP 別冊P3C3

バトゥカウ寺院
Pura Batukau

バトゥカウ山に抱かれる寺

バリ島6大寺院の一つといわれ、タバナン王国時代に創建された歴史ある寺院。バトゥカウ山中にあり、まだあまり観光地化されておらず、創建当時の雰囲気が漂っているのが魅力。

DATA ⊗デンパサールから車で1時間30分　⏰24時間　休なし　料Rp.1万5000　所要時間30〜120分

おすすめ
美術館・博物館

📷 見る　｜　ウブド　　　　MAP 別冊P18A1

ブランコ・ルネッサンス美術館
The Blanco Renaissance Museum

「バリのダリ」が描く大胆な構図と情熱の絵画

マニラ出身の画家アントニオ・ブランコは1952年にバリ島に移住、1999年に亡くなるまで精力的に絵を描いた。派手な風貌で知られ、「バリのダリ」を自称し、さまざまなアーティストと親交があった。彼のアトリエ兼住宅は、現在、美術館として公開されている。作品は独特の色遣いと大胆な構図で妻を描いたものが多く、女性のほとばしるような情熱と匂い立つエロティシズムが感じられる。

DATA ⊗サレン・アグン宮殿から徒歩15分
☎0361-975502 ⊕9〜17時
⊛なし ⊕Rp.10万
所要時間 〜30分

上：「バリのダリ」とよばれたブランコ
下：個性的な外観をもつ新館もある

📷 見る　｜　サヌール　　　　MAP 別冊P16B1

ル・メイヨール博物館
Museum Le Mayeur

バリ島をこよなく愛したベルギー人画家

ベルギーの画家ル・メイヨール(1880〜1958年)がサヌールを訪れたのは1932年のこと。彼は有名なレゴン・ダンサーだったバリ人の妻、ニ・ポロックと町北部のビーチ沿いにある家で26年を過ごし、バリ島の風景と愛する妻を描き続けた。現在、この家は博物館として公開され、彼の描いた愛情あふれる妻の肖像画や印象派タッチの風景画、当時の調度品などを見ることができる。

DATA ⊗コミュニティセンターから車で15分 ☎なし ⊕8時〜15時30分(金曜は8時30分〜12時30分) ⊛なし ⊕Rp.5万
所要時間 〜30分

上：中庭の一角にあるル・メイヨールの石像
下：柱や扉にも彫刻が施された建物も注目

📷 見る　｜　デンパサール　　　　MAP P42A1

バリ博物館
Bali Museum

バリ島カルチャーを学ぶなら

デンパサールの中心ププタン広場に面した博物館。各地の伝統的な民家を模した展示館では、バリ舞踊のお面や衣装、貴重なバティックを展示し、バリ島の伝統文化を幅広く紹介。DATA ⊗ププタン広場から車で10分 ☎0361-222680 ⊕8時〜15時30分(金曜は8時30分〜13時) ⊛なし ⊕Rp.5万 所要時間 30〜120分

📷 見る　｜　ウブド周辺　　　　MAP 別冊P17B4

考古学博物館
Museum Purbakala

ウブド一帯の出土品を展示

4つの屋内展示場と池を取り囲むように造られた野外展示場からなる博物館。屋内展示場にある、王族が使用したとされる装飾品や古文書、石碑、石棺は必見だ。DATA ⊗サレン・アグン宮殿から車で30分 ☎0361-942347 ⊕9〜16時 ⊛土・日曜 ⊕寄付(目安Rp.2万) 所要時間 30〜120分

ギャラリーもチェック！
ウブドを中心に多くの芸術家たちが創作活動をしているバリ島。ギャラリー巡りも楽しい。

オウル・ハウス

ウブド出身の画家、シーラ氏のアトリエ兼ギャラリー。どの作品にも豊かな自然に抱かれたフクロウを描き、見る人の心を癒す。併設するショップにはアロマグッズやアタ製バッグなどバリ島の自然にこだわったグッズが揃う。薬草や草花に囲まれたガーデンも魅力。
⊗サレン・アグン宮殿から車で10分
⊕Jl. Gunungsari, Peliatan ☎0361-977649
⊕10〜17時
⊛不定休 📷📧 別冊MAP／P19D2

左：フクロウをモチーフにした版画はRp.75万〜
右：緑に囲まれたフクロウの看板が目印

おすすめ
その他の みどころ

📷 見る ｜ バリ島北部　　　MAP 別冊P3C2

キンタマーニ高原
Kintamani

バリ島屈指の眺望

山がちなバリ島北部で一番の景勝地。「外輪山にある街」の意で、周辺は高原になっている。標高1717mの活火山バトゥール山とバトゥール湖の雄大な景観が広がる。

DATA ⊗ウブドから車で1時間30分 ㊼Rp.5万 [所要時間]～30分

バリ島ビーチ・早わかり

海と砂浜が作り出す美しいビーチも、バリ島最大のみどころのひとつ。サンセットが見られる西海岸のクタやレギャン、波穏やかなサヌール、ほかにもヌサドゥア・ビーチ（別冊MAP／P15B3）などがある。それぞれ異なる魅力がある。

クタ・ビーチ
バリ島で最初に観光地化されたビーチ。波がサーファーに人気だ。別冊MAP／P6A3

レギャン・ビーチ
髪の毛を三つ編みにしたり、ペディキュアを塗るおばちゃんも。別冊MAP／P8A3

スミニャック・ビーチ
人影もまばらで、波の音だけが響く。静かに過ごしたい人に。別冊MAP／P10A2

ジンバラン・ビーチ
ゆったり過ごせる静かな浜辺。屋台村イカン・バカール（→P59）も。別冊MAP／P14B3

サヌール・ビーチ
島内でも歴史のあるリゾートエリアで、穏やかな海の風景が魅力的。別冊MAP／P16B1

📷 見る ｜ ウブド　　　MAP 別冊P18A4

モンキー・フォレスト
Monkey Forest

猿たちの楽園

バリ・ヒンドゥーでは神の使いとされている野生猿の自然保護区。約900匹の猿が生息し、バナナなどの餌を与えることもできる。猿が活発に動くのは午前中。携帯品をとられないよう注意。DATA ⊗サレン・アグン宮殿から徒歩20分 ⊙9～17時 ☎0361-971304 ㊼なし ㊼Rp.8万～ [所要時間]～30分

📷 見る ｜ バリ島北部　　　MAP 別冊P3C2

バトゥール湖
Danau Batur

美しいカルデラ湖

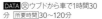

バトゥール山のふもとに広がる。湖の西にあるウルン・ダヌ・バトゥール寺院には、バトゥール湖の女神が祀られている。湖の東岸にトゥルニャンという伝統的な生活文化を守る先住民の集落があり、ボートに乗って訪ねることができる。

DATA ⊗ウブドから車で1時間30分 [所要時間]30～120分

📷 見る ｜ バリ島東部　　　MAP 別冊P3D2

アグン山
Gunung Agung

バリ島民の信仰の対象

バリ島東部にそびえる標高3142mの活火山で、バリ島の最高峰。信仰篤いバリの人々はヒンドゥーの神々が住まうメール山に見立て崇めており、南麓には総本山ブサキ寺院がある。イセなどの裾野ではバリ島屈指の眺めが楽しめる。

DATA ⊗デンパサールから車で2時間 [所要時間]～30分

📷 見る ｜ バリ島南部　　　MAP 別冊P3C4

レンボンガン島
Nusa Lembongan

サンゴ礁が美しいリゾート

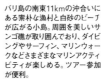

バリ島の南東11kmの沖合いにある素朴な漁村と白砂のビーチが広がる小島。周囲を美しいサンゴ礁に取り囲まれており、ダイビングやサーフィン、マリンウォークなどさまざまなマリンアクティビティが楽しめる。ツアー参加が便利。

DATA ⊗サヌールから高速船で40分～ [所要時間]120分以上

Topic6

ホテル
Hotel

自然を感じながら過ごせるヴィラから
プライベート感あふれる高級リゾートまで多彩。
南国気分にひたってとびきりのバリ島ステイを！

南の楽園をひとり占め♥

おこもりヴィラ

海ヴィラ
Sea View Villas

リゾートならやっぱり海を感じて過ごしたいもの。
バリ島では海を眺められるヴィラは少ないので早めに予約を！

おこもりPoint

全ヴィラが北西方向を向き、雄大なサンセットとオーシャンビューを望めるように設計。

インド洋の絶景を望む
最上級リゾート

ジンバラン　　MAP 別冊P14A4

ラッフルズ・バリ
Raffles Bali

シンガポールの最上級ホテル、ラッフルズが2020年にオープンした高級リゾート。23haの敷地に32棟のヴィラがあり全客室からオーシャンビューが望める。丘の上に建つ「ザ・サンクチュアリ」ではガゼボ（東屋）で特別なスパメニューを体験できる。

DATA ⊗空港から車で20分
⊕Jl. Karang Mas Sejahtera 1A, Jimbaran
☎0361-2015800 ●オーシャンプールヴィラUS$1180〜 ヴィラ32棟
J E R P F

1.水平線と平行するエッジが美しいインフィニティプール。ビーチベッドでくつろぎたい
2.高級感あふれるオーシャンプールヴィラは伝統的なバリとモダンを融合したデザイン
3.24時間対応のバトラーによる丁寧なおもてなしで快適に滞在できる
4.「ラッフルズ・スパ」ではヨガやレイキ、サウンドヒーリングなどを取り入れたメニューが揃う
5.東南アジア料理のメインダイニング「ルマリ」の朝食アラカルト

クリフ・トップ・ヴィラからの
インド洋の眺めは絶景

おこもりPoint
客室からはインド洋と白砂のビーチ、そしてガーデンを見渡せる。さらに丘の上にあるクリフ・トップ・ヴィラからは極上の眺めも!

[ヌサドゥア] MAP 別冊P5C4

ザ・リッツカールトン・バリ
The Riz-Carlton Bali

エレガントなムードを満喫できる大型ラグジュアリーリゾート。紺碧の穏やかなインド洋に臨み、全313室のスイートやヴィラが点在する。6つのレストラン、ラウンジ&バー、水を使ったスパ・トリートメント、ビーチフロントに立つチャペル、アクティビティ満載の「リッツ・キッズ」など、子ども向け施設も充実。

DATA 空港から車で40分
Jl. Raya Nusa Dua Selatan Lot 3, Sawangan, Nusa Dua
☎0361-8498988
サワンガン・ジュニア・スイートUS$306〜、オーシャンクリフヴィラUS$1096〜 全313室
BRP

1.オーシャンフロントのプールを中心に客室棟が並び立つ。ほとんどの客室にバルコニーが備えられている
2.ビーチには自由に使えるチェアとパラソルが。タンジュン・ブノアでのダイビングなどアクティビティにも挑戦できる
3.プールアクセス付きのパピリオンヴィラ

3

4.レストランはオーシャンビューやプールフロントなど6種類
5.手縫いのベッドリネンなど細部にまでこだわりが光る
6.神様へのお供えものを作るバリ島らしい風景に遭遇

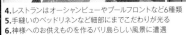

5

6

話題のリゾートが続々オープン!
バリ島に近年、続々と新しいホテルがオープンしており、世界的なホテルブランドも次々に進出。「アンダーズ・バリ」(→P22)、「ジーダス・バリ・ヘルス&ウェルネス・リゾート」(→P18)、「ラッフルズ・バリ」(→P106)などが新たに登場。最新設備とバリ島の自然と文化が融合した空間で素敵なステイを満喫しよう。

渓谷ヴィラ
Valley View Villas

南国の緑に囲まれて自然の息吹を感じながら
日常を忘れた贅沢な時間を過ごせるのが渓谷ヴィラ。
隠れ家リゾートでのんびりとした休日を堪能しよう

おこもりPoint

深い緑に包まれたメインプールは開放感たっぷり。断崖の上にあるので、ウブドの自然を思いっきり体感できる!

1. 緑に抱かれているかのようなメインプール
2. 崖にせり出すように造られ、迫力ある景色が楽しめる
3. 耳をすませば川のせせらぎも聴こえてくる癒しの空間

ウブドの自然と一体化した、
バリ様式建築

| ウブド周辺 | MAP 別冊P17B2 |

カヨン・リゾート
The Kayon Resort

プタヌ川に沿って続くウブドの谷を切り開いて造られた、バリ島の自然と一体になれるナチュラルリゾート。無料のトレッキングツアー、天然ハーブを用いたデトックスプログラムが楽しめるスパや朝ヨガも体験できる。

DATA 🚗空港から車で1時間45分(送迎要問合せ)
🏠Banjar Kepitu, Desa Tagalalang, Ubud
☎0361-4792553
💰バレーデラックスルームRp.620万〜、リバーエッジプールヴィラRp.1120万〜
ヴィラ5棟 スイート12室 **E R P**

4. 天蓋付きベッドでリラックス
5. ホテル内のスパではバリニーズ・マッサージやホットストーン・マッサージが受けられる
6. ヴィラにはインフィニティ・プールが備えられている
7. 無料のヨガレッスンは7時の1回

[ウブド周辺] [MAP] 別冊P3C3

ハンギング・ガーデンズ・オブ・バリ

Hanging Gardens of Bali

名前の通り渓谷にぶら下がるようにヴィラが配されたリゾート。すべてのヴィラに広いテラスと温水にもなるプール、バレが付く。チェックインはヴィラで行い、カフェでは無料で午後のティータイムが楽しめるなど、大型リゾートにはない、こまやかなサービスが好評。

[DATA] ⊗空港から車で2時間(送迎あり、片道US$56) ⊛Desa Buahan, Payangan, Gianyar ☎0361-982700 ㊞リバーサイドプールヴィラUS$934〜、ハンギングガーデンズプールヴィラUS$1409〜 ヴィラ44棟 Ⓔ Ⓡ Ⓟ

アユン渓谷の瀟洒なヴィラ

1.敷地内はケーブルカーで移動する
2.インターナショナルな味が楽しめるレストランではこだわりのバリ料理も提供している
3.渓流のせせらぎが聞こえるリバーサイド・デラックス・プールヴィラ

自然とひとつになれるプライベートヴィラ

[ウブド周辺] [MAP] 別冊P3C3

バグース・ジャティー・ヘルス＆ウェルビーイング・リトリート

Bagus Jati Health & Wellbeing Retreat

約5haの広々とした敷地に12棟のヴィラと10室の2階建てシャレーが点在するリゾート。大自然の中で行うヨガやスパなど、リトリートを目的に滞在するリピーターも多い。レストランでは敷地内の農園で栽培した野菜を使用したヘルシーな料理を味わえる。

[DATA] ⊗空港から1時間50分(送迎あり、片道 Rp.50万) ⊛ Banjar Jati, Desa Sebatu, Tegallalang, Gianyar ☎0361-901888 ㊞スーペリアシャレーUS$117〜、デラックススパヴィラUS$220〜 ヴィラ12棟 シャレー10室 Ⓔ Ⓡ Ⓟ

1.すぐ目の前に熱帯植物の森が見渡せるメインプール
2.1棟建てのヴィラは広々としていてスペシャル感たっぷり
3.レストランで森を眺めながらヘルシーメニューに舌鼓
4.ヨガスタジオはジャングルビュー

プールヴィラ
Pool Villas

究極のプライベート感を味わえるプール付きヴィラ。
なかでも贅沢なプールの大きさを誇るリゾートをピックアップ!

バリ島の自然に溶け込むリゾート

おこもりPoint

すべてのヴィラはプライベートプール付き。別棟のリビングルームもあり広々。最高レベルのバトラーサービスも魅力。

ウブド周辺 MAP 別冊P17A3

マンダパ・リッツカールトン・リザーブ
Mandapa, a Ritz-Carlton Reserve

リッツカールトンが手掛ける、世界にも数少ない最上級ブランドが「リザーブ」。ライステラスに囲まれた広大な敷地に、25棟のヴィラと35室のスイートルームが点在する。各部屋のインテリアにはウブドの村の生活をモチーフにした絵画が飾られ、ファブリックには織物ソンケットが使用されるなど、バリ島の伝統が随所に宿る。

DATA ⊗空港から車で1時間30分（送迎あり、Rp.84万）
⊕Jl. Kedewatan, Banjar Kedewatan, Ubud
☎0361-4792777
⊛リザーブスイートRp.1925万〜、1ベッドルームプールヴィラRp.2688万〜 ヴィラ25棟 スイート35室
ⓑⓇⓅ

1. ベッドカバーにはト簪な織り物を使用
2. シャワールームが独立したバスルーム。アメニティは自然素材のローカルプロダクト
3. バリ伝統料理が楽しめる「サワーテラス」からはアユン川が望める
4. バリ島の伝統家屋をイメージしたロビー
5. ホテルは青々としたライステラスに囲まれている

おこもりPoint
日光浴用のデッキがあるヴィラのプールは33㎡と広々。周りは熱帯植物に囲まれプライベート感たっぷり。

| ギャニアール | MAP 別冊P3C3 |

コマネカ・アット・クラマス・ビーチ
Komaneka at Keramas Beach

クラマス・ビーチ沿いの緑豊かな田んぼが広がる敷地内に、全室プライベートプール付きのヴィラが点在。海を見下ろすオープンエアのレストランでは、インドネシア料理を中心にオーガニック野菜を使用した多国籍料理を味わえる。海に面したスパもおすすめ。

DATA ⊗空港から車で1時間(送迎あり、有料)
⊕Jl. Prof. Dr. Ida Bagus Mantra, Keramas
☎0361-4794460
⊛オーシャンプールヴィラRp.640万〜
ヴィラ37棟
E R

トロピカルガーデンが心地よい

1.4haの敷地一面にヤシの林や田んぼが広がる
2.海を眺めながらスペシャルな食事タイムを

おこもりPoint
プールをはじめファミリールームやキッズクラブなど家族連れにうれしい施設が充実。

ジンバラン・ベイを見渡す大型リゾート

| ジンバラン | MAP 別冊P14B4 |

モーベンピック・リゾート&スパ・ジンバラン
Mövenpick Resort & Spa Jimbaran Bali

ジンバラン・ベイを見渡す高台に立つ、全297室を備える大型リゾート。プールを囲むように客室棟が並び、スイートルームにはプライベートプールが付く。毎日16〜17時にラウンジに用意されるチョコレートバーは、スイスのホテルチェーンならではのサービスと評判。種類豊富な朝食ブッフェも人気。

DATA ⊗空港から車で30分(送迎あり、無料)
⊕Jl.Wanagiri No.1, Jimbaran
☎0361-4725777
⊛クラシックキングプールビュールームRp.223万〜、ジュニアスイートRp.259万〜　全297室
E R P

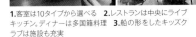

1.客室は10タイプから選べる　2.レストランは中央にライブキッチン。ディナーは多国籍料理　3.船の形をしたキッズクラブは施設も充実

極上リゾート

森や田園に囲まれ、渓谷に面した静寂の地に立つヴィラや、海を望む絶景ホテルなど、バリには究極とも思える高級リゾートがある。自然の恵みを生かし、上質のもてなしのあるホテルで、ゆったりと過ごそう。

ウブド | MAP 別冊P17A3

フォーシーズンズ・リゾート・バリ・アット・サヤン
Four Seasons Resort Bali at Sayan

ハネムーナーに人気の緑豊かな渓谷沿いの楽園

アユン川渓谷沿いにある憧れのリゾート。円形のホテル棟のほか、ライステラス状の敷地にヴィラが点在している。いずれの客室も、渓谷を流れる清流や林、ライステラスがパノラマのように続く絶景リゾートだ。ヴィラにはサンデッキとプライベートプールが付いているが、渓流のすぐ横に設けられたメインプールも快適。アクティビティプランも豊富に揃っている。

DATA ⊗空港から車で1時間40分 ㊟Jl.Raya Sayan, Ubud ☎0361-977577 ㊟ファミリースイートUS$1920～、1ベッドルームヴィラUS$1814～ 全60室
Ⓙ ⒺⓇⓅⒻ

プライベートプール付きの1ベッドルームヴィラ

アユン川渓谷の横にあるメインプール

ウブド | MAP 別冊P17A3

アマンダリ
Amandari

緑陰のサンクチュアリで究極のリゾートライフ

超高級リゾートホテルの先駆け。渓谷を望む森の中にヴィラが点在するバリの村を思わせるスタイルは、その後オープンしたリゾートホテルのモデルともなった。ヴィラはいずれもプライバシーを重視しながら、三面採光のリビングやオープンエアのバスタブ、庭に配された東屋など、大自然の空気を存分に楽しめる造りとなっている。インテリアグッズやアメニティはあくまでもシンプルでシック、なおかつ格調の高さを感じさせる。一流シェフが腕をふるうレストランも高い評価を得ている。

DATA ⊗空港から車で1時間20分 ㊟Kedewatan, Ubud ☎0361-975333 ㊟ヴァレースイートUS$980～ 全30室
ⒺⓇⓅⒻ

開放感満点のレストラン

棚田に囲まれた静かなバリ様式の客室

渓谷を望み、爽快な気分が楽しめるメインプール

ウブド | MAP 別冊P17A2

プリ・ウランダリ
Puri Wulandari

アユン渓谷の絶景を望む瀟洒なヴィラ

アユン川の自然が織りなす雄大な景観が楽しめるよう、谷沿いの地形を巧みに利用して茅葺き屋根のヴィラが配されている。客室の広さも充分で、プライベートプールやバリ島でいう東屋「バレ・ブンゴン」や、オープンエアのリビングルームもゆったり。谷に向かって広がるプールでくつろいだり、小道を散策してレストランを訪ねたり、バリニーズ・マッサージなど各種メニューを揃えたスパを利用したりと、充実した休日が過ごせる。

DATA ⊗空港から車で1時間45分 ㊟Desa Kedewatan, Ubud ☎0361-980252 ㊟プライベートプール付き1ベッドルーム・スリカンディUS$393～ 全35棟
Ⓙ ⒺⓇⓅ

カップルもOKのスパの個室

シックなインテリアのベッドルーム

1ベッドルームヴィラのプライベートプール、脇にはビーチチェアと休憩所もある

| ウルワツ | MAP 別冊P4B4 |

ブルガリ リゾート
Bvlgari Resort Bali

憧れのリゾートで自然に溶け込む

ギリシア発祥のイタリアのジュエリーブランド「ブルガリ」が完成させた、バリの自然と一体化した究極のリゾート。断崖に広がる敷地には全59棟のヴィラとマンションタイプの邸宅、プライベートプールとガーデン付きパティオが点在している。インド洋を一望するプール、バトラーによるパーソナルサービスやレストランでの食事など、五感で洗練された雰囲気を楽しみたい。

DATA ⊗空港から車で1時間 ⊕Jl. Goa Lempeh, Br. Dinas Kangin, Uluwatu ☎0361-8471000 ㋫オーシャンビューヴィラUS$1471〜、オーシャンクリフヴィラUS$2137〜 ヴィラ59棟
Ⓙ Ⓔ Ⓡ Ⓟ Ⓕ

イタリアンダイニングの「イル・リストランテ-ルカ・ファンティン」

断崖絶壁の先端に建つオーシャン・クリフ・ヴィラ

| ウンガサン | MAP 別冊P4B4 |

カルマ・カンダラ
Karma Kandara

絶景ヴィラで憩う

全室プール付きの客室棟が緑濃い谷間に点在する、大自然の中のリゾート。客室は広々としており、開放感たっぷり。弧を描くような造りのメインダイニングとプールは、高い位置からワイドに海を眺められる超絶景のロケーション。身も心もいっぺんに洗われそう。専用リフトで下の海辺へ下りると、崖を背にしてビーチクラブがある。

DATA ⊗空港から車で45分（送迎あり、片道Rp.80万）⊕Jl. Villa Kandara, Br. Wijaya Kusuma, Ungasan ☎0361-8482202 ㋫1ベッドルームプールヴィラRp.495万〜 全67棟
Ⓙ Ⓔ Ⓡ Ⓟ Ⓕ

ゆったりとした客室のリビング

絶景のメインダイニング

| ウブド | MAP 別冊P18A2 |

コマネカ・アット・ビスマ
Komaneka at Bisma

大自然と街遊びどちらも堪能できる

ライステラスと木々が目前に広がるロケーションながら、ウブドのメインストリートから徒歩15分と便利。デザインはウブド出身のオーナーで建築家でもあるコマネカ氏自らが手がけ、地元の自然と文化への深い愛情が感じられる。渓谷の緑のなかに長さ33mものメインプールがあり、サイクリングなどのアクティビティも豊富。毎日フルーツとクッキーのサービスがあるのもうれしい。

DATA ⊗空港から車で1時間30分（送迎あり、片道Rp.75万）⊕Jl.Bisma,Ubud ☎0361-971933 ㋫ビスマスイートUS$500〜、1ベッドルームヴィラUS$900〜 全44室
Ⓙ Ⓔ Ⓡ Ⓟ Ⓕ

渓谷の緑の中にある長さ33mのメインプール

ヴィラはすべてプール付き

| バリ島東部 | MAP 別冊P3D3 |

アマンキラ
Amankila

海を望む「水の宮殿」で優雅な休日を

海岸線まで迫る丘の斜面に立つ世界最高ランクのホテル。客室はすべてバリ様式の高床式ヴィラ。壮麗なデザインは水の宮殿「ウジュン」がモチーフで、ヤシ材がふんだんに使われ、壁や床、バスタブなどはナチュラルな白砂色で統一されている。テラスにはガゼボもある。プライベートビーチまで下りれば、シュノーケリングやクルージング、ボードセイリングなど各種アクティビティも充実。ブグブガン丘のバレで、眼下に広がるライステラスを眺めながらブランチやランチを楽しむピクニックプランも好評だ。

DATA ⊗空港から車で1時間30分 ⊕Jl.Raya Manggis, Karangasem ☎0363-41333 ㋫アマンキラスイートUS$4150〜 全31棟 Ⓙ Ⓔ Ⓡ Ⓟ

小型ボートのアウトリガー体験も

スイートルームはナチュラルな色使いの落ち着いた空間

テラスの設えもアーバンリゾートの雰囲気

プチ情報 バリ島のホテルの料金は、ランクや部屋のグレードによって異なり複雑。200室以上の大型リゾートから、50室以下でヴィラ中心の隠れ家ホテル、そのカジュアル版までバリエーションが豊富だ。

| ヌサドゥア | MAP 別冊P15B4 |

アマン・ヴィラズ
Aman Villas Nusa Dua

コロニアルスタイルの丘の上の極上ヴィラ

紺碧の海を望む丘の上に、プライベートヴィラがゆったりと点在。1棟ずつ壁に囲まれた茅葺き屋根のヴィラはすべてスイート仕様となっている。オーストラリア人の建築家がオランダ統治時代をイメージして設計したコロニアルスタイルだ。室内は白とグレーの大理石の床と、竹や木などを使った調度品が見事に調和している。スパメニューを客室で受けることも可能だ。プライベートビーチではマリンアクティビティのアレンジもできる。目の前にバリ・ゴルフ＆カントリークラブもある。

DATA ⊗空港から車で35分 ⊕Nusa Dua ☎0361-8468585 ⊕2ベッドルームヴィラUS$1900〜　全6棟

E R P F

プールサイドでは食事も可能　豪華なロビーがゲストを迎える

前庭にダイニングスペース、裏側にプライベートプールとバレを配したガーデンスイート

| サヌール | MAP 別冊P16B3 |

ハイアット リージェンシー バリ
Hyatt Regency Bali

老舗リゾートが快適に進化

バリ島を代表する老舗リゾートホテルが、5年にわたる改修を経て2019年にリニューアル。サヌール・ビーチに面する9haの広大な敷地に鬱蒼としたトロピカルガーデンが広がり、バリ島ならではの自然に囲まれた滞在ができる。和テイストとモダンバリを取り入れた日本人好みの温かみのあるインテリアも魅力。

DATA ⊗空港から車で40分 ⊕Jl. Danau Tamblingan No.89, Sanur ☎0361-281234 ⊕デラックスRp.241万〜　全363室

J E R P F

シンプルだが上品で使い勝手のよい客室

広々としたロビーは風が吹き抜ける心地良い空間

| ヌサドゥア | MAP 別冊P15B4 |

セント・レジス・バリ・リゾート
The St.Regis Bali Resort

スイートとヴィラだけの超高級リゾート

ゲストルームには、木のぬくもりを感じる豪華な調度品や大理石のバスルームが備えられ、まるで貴人の邸宅に招かれたような優雅さ。バスアメニティはルメードゥのものを備える。敷地内には3668㎡というラグーンプールが広がっており、サンデッキでの日光浴が楽しめる。スパやライブラリーもあり、ゴルフコースは至近。バトラーサービスも充実している。

DATA ⊗空港から車で35分 ⊕Kawasan Pariwisata, Nusa Dua ☎0361-8478111 ⊕セントレジススイートRp.867万3000〜　全287室

J E R P F

豪華な調度品が置かれたスイートベッドルーム

オーシャンビューのスタンダードヴィラ

| ウブド周辺 | MAP 別冊P17B3 |

ヴァイスロイ
Viceroy Bali

ウブドの渓谷に登場したリュクス・ヴィラ

ウブドの中心部から北へ車でおよそ10分、プタヌ川が流れる渓谷を見渡せる絶好のロケーションに佇む。すべての施設と客室が谷に張り出すように造られているので、敷地内のどこにいても広い空と渓谷の緑が目に入る。まさに、開放感抜群のリゾート。最高級のヴァイスロイヴィラはプールのある広い庭付き。スパ（→P78）やライブラリーなどの施設、サービスともに充実。

DATA ⊗空港から車で1時間40分 ⊕Jl. Lanyahan, Br. Nagi, Ubud ☎0361-971777 ⊕プールスイートUS$835〜、テラスヴィラUS$962〜　全44棟

J E R P F

天蓋付きのベッドを備えたヴァイスロイヴィラ

眺望抜群のパブリックプール

高級リゾート

広大な敷地にレストラン、プール、スパ、フィットネス、各種アクティビティなどを取り揃え、ホテルのなかだけでも充分楽しめる大型リゾートのほか、部屋数の少ない隠れ家ホテルの人気も高い。お気に入りを探そう。

| ウブド周辺 | MAP 別冊P17A2 |

アリラ・ウブド
Alila Ubud

ナチュラル派リゾート

世界的な建築家ケリー・ヒルの設計で、ホテル全体がバリ島の村としてデザインされている。鳥の声や川のせせらぎなどを身近に感じることができる。

DATA ⊗空港から車で1時間45分 ⊕Desa Melinggih Kelod Payangan, Ubud ☎0361-975963 ⊕1キングベッドRp.357万〜 全74室
ⒺⓇⓅ

| バリ島東部 | MAP 別冊P3D3 |

アリラ・マンギス
Alila Manggis

スポーツ＆カルチャー満喫

欧米人に人気のビーチリゾート。プールを囲むように客室棟を位置し、全室から海が一望できる。ウォータースポーツのほか、クッキングクラスなどのカルチャー体験もできる。

DATA ⊗空港から車で1時間40分 ⊕Buitan, Manggis, Karangasem ☎0363-41011 ⊕1キングベッドUS$122〜 全55室
ⒺⓇⓅ

| ウブド周辺 | MAP 別冊P17B3 |

デサ・ヴィセサ・ウブド
Desa Visesa Ubud

見渡す限りの田んぼビュー

なだらかな棚田が広がる自然派リゾートで、ヴィラは全室プール付き。ガムランのクラスや週3回行われるバリニーズショーなどバリ島の文化を満喫できる。

DATA ⊗空港から車で1時40分 ⊕Jl. Sweta, Banjar Bentuyung Sakti, Ubud ☎0361-2091788 ⊕プレミアスイートRp.427万〜 プレミアスイート40室 ヴィラ66棟
ⒺⓇⓅⒻ

| スミニャック | MAP 別冊P10A1 |

ザ・レギャン
The Legian

贅沢ビーチハウスに注目

ハイエンドなリゾートとして評判が高い。客室はホテル棟のほか、ラグジュアリーなビーチハウスから選ぶことができる。レストランなど設備も充実。海に向かってのびる開放的なプライベートプールは圧巻。

DATA ⊗空港から車で40分(送迎あり、片道Rp.97万5000) ⊕Jl. Kayu Aya, Seminyak Beach ☎0361-730622 ⊕スタジオスイートRp.731万〜 全80室
ⒿⒺⓇⓅⒻ

| ウルワツ | MAP 別冊P4A4 |

アナンタラ・ウルワツ・バリ・リゾート
Anantara Uluwatu Bali Resort

海と一体になれるオーシャンフロントヴィラ

インド洋を望む断崖に立つ絶景リゾート。12×3mのプライベートプールや開放的な屋外のバスタブを備えたオーシャン・フロントのプールヴィラは、2ベッドルームが296㎡、3ベッドルーム330㎡の贅沢な空間。客室内や屋外のプールからもインド洋の大海原を眺めることができる。緑に囲まれたスパでは植物由来のプロダクトを使ったトリートメントが体験できる。

DATA ⊗空港から車で1時間 ⊕Jl. Pemutih, Labuan Sait, Uluwatu ☎0361-8957555 ⊕オーシャンビュースイートRp.653万〜 全73室
ⒺⓇⓅⒻ

ホテルから見る壮大なサンセットは絶景

ガーデンビューのプール付きヴィラ

| クロボカン | MAP 別冊P12A3 |

アイランド・ヴィラズ
Bali Island Villas

街の喧騒から離れた別荘感覚のヴィラ

中心街からすぐの場所にありながら、くつろぎの時間を存分に満喫できるプライベートヴィラ。横に連なる全10室の客室には、1ベッドルームに調理もできるキッチン、ゆったりしたリビング、10m×2mの広いプールのほか、サンデッキから階段を上がるとプライベートスパが受けられるガゼボがある。バトラーは24時間対応。スミニャック内はシャトルバスサービス無料。

DATA ⊗空港から車で45分 ⊕Jl. Raya Petitenget No.469, Seminyak ☎0361-4736656 ⊕1ベッドルームプールプライベートヴィラUS$148〜 全10室
ⒺⓇⓅⒻ

裸で泳いでも安心。プライベートプール付きの開放的な客室

モダンなインテリアの客室

 プチ情報 上品で愛らしい容器に入ったアメニティは、高級リゾートに泊まる楽しみのひとつ。石鹸やシャンプー、タオルなどは必ず備えられているが、リンスや歯ブラシなどはないことも多いので注意しよう。

スミニャック　MAP 別冊P11D2

ザ・ウォラス・ヴィラ＆スパ
The Wolas Villas & SPA

シンプルモダンヴィラで心ゆくまで贅沢ステイ

スミニャックの喧騒から一歩離れ、全18棟だけに約束されたリラックス空間。独立ヴィラは、オープンリビングとプライベートプール、ベッドルームで構成。モダンなインテリアで統一された室内は、オレンジ色をアクセントカラーに温かみを演出。キッチンには大型冷蔵庫やカトラリーも完備しており、長期滞在にも快適だ。バスソルトなどアメニティも充実。

DATA ⊗空港から車で30分　⊕Jl.Yudistira,Seminyak,Kuta
☎0361-734218　⊛1ベッドルームプールヴィラUS$348～
全18棟
J B R

キッチンとリビング、ダイニングを完備

全ヴィラにプライベートプールを備える

スミニャック　MAP 別冊P11D2

インピアナ・プライベート・ヴィラズ
Impiana Private Villas Seminyak

便利なロケーションながら閑静な環境も魅力

ヴィラは1ベッドルーム、2ベッドルーム、3ベッドルームなどが充実し、ファミリーやグループ旅の利用にも最適。プライベートプールやキッチン、屋外リビングやクローゼットルームを完備している。人気の高いスパや、フットマッサージサロン、ヨガパビリオンもあり、トリートメント施設も充実。併設のレストランからシェフを呼んでバーベキューも楽しめる。

DATA ⊗空港から車で30分
⊕Jl. Kunti 118X, Seminyak　☎0361-730840
⊛1ベッドルームヴィラUS$401～　全50棟
J B R P

ナチュラルテイストでまとめられた1ベッドルームヴィラ

プライベート感たっぷり

スミニャック　MAP 別冊P10A1

オベロイ・ビーチ・リゾート
The Oberoi Beach Resort, Bali

各国の要人も訪れる隠れ家的な老舗リゾート

バリ島におけるヴィラブームの先駆け的存在。隠れ家ホテルとして世界のセレブを魅了してきた。スミニャック・ビーチを見渡す広い敷地内にゆったりとヴィラが点在し、気品漂う雰囲気と安定したホスピタリティに、老舗の余裕と風格が感じられる。客室は、1棟に複数の客室があるラナイと、独立型ヴィラの2タイプ。ロイヤルヴィラは、ベッドルーム棟とリビング＆ダイニング棟からなる。

DATA ⊗空港から車で40分
⊕Jl. Kayu Aya, Seminyak
Beach　☎0361-730361
⊛ラグジュアリーラナイルーム
US$388～　ヴィラ16棟、60室
J B R P F

プライベートプール付きのラグジュアリー・ヴィラ

夜は波の音、朝は小鳥の声が聞こえる

ウブド周辺　MAP 別冊P17B3

カマンダル・リゾート＆スパ
Kamandalu Resort & Spa

渓谷に面したスパも評判

プタヌ川沿いの緑の丘に立つ静かなリゾートホテル。客室の多くがヴィラタイプで、大理石の床や高い天井、大きな窓が開放感たっぷりの造りになっている。屋外にガゼボを備えたヴィラや、プライベートプール付きのものもある。上品なインテリアやアメニティも魅力のひとつ。評判のスパは渓谷に広々とした施設と多彩なメニューが自慢で、ビジターの利用も多い。

DATA ⊗空港から車で1時間40分　⊕Jl. Andong, Bajar Nagi
Ubud　☎0361-975825
⊛ウブドシャレーRp.553万～
全56棟
J B R P

バリの伝統様式を取り入れた客室

メインプールの脇にはバーも

チャングー　MAP 別冊P4B1

コモ・ウマ・チャングー
COMO Uma Canggu

大パノラマをひとり占め

ペントハウスなど4つの客室タイプがあり、1階の客室からは曲線を描く150mのプールへ直接アクセスOK。宿泊者はデイリーウェルネスグループクラスに参加できる。

DATA ⊗空港から車で1時間10分
⊕Jl. Pantai Batu Mejan, Echo Beach, Canggu　☎0361-6202228
⊛チャングールームUS$239～　全119室
J B R P F

ホテル　高級リゾート

タンジュン・ブノア 　MAP 別冊P15B2

コンラッド
Conrad Bali

一度は泊まってみたいヒルトンの最高峰

ヒルトングループの最高級ブランドで、数あるホテルの中でも、ひときわ羨望を集めるラグジュアリーリゾート。客室はナチュラル素材のモダンな家具が配され、コンテンポラリーな雰囲気。リゾートの敷地内には、2640㎡のトロピカルガーデンがあり、メイン・ラグーンプールは絵のように美しい。レストラン「スク」(→P57)では週3回(水・金・土曜)、伝統舞踊のショーがある。インドネシア語で「魂・精神」を意味する「ジワ・スパ」も人気がある。

DATA ⊗空港から車で30分
⊕Jl. Pratama No.168, Tanjung Benoa ☎0361-778788
⊕デラックスツインRp.242万〜　全368室
ⒿⒺⓇⓅⒻ

オーシャンフロントに立つ
コンラッド・スイートの客室

メインプールはラグジュアリー
ホテルならではの優雅な雰囲気

クロボカン 　MAP 別冊P12A2

Wバリ-スミニャック
W Bali-Seminyak

洗練されたモダン空間

繁華街にほど近い便利な立地にありながら、見事な眺望を誇るデザインホテル。モダンなインテリアが心地よいホテルセクションと、全室プール付きのヴィラセクションがある。広大なガーデンプールにサンセットの美しいバーなど、ファシリティも魅力的。

DATA ⊗空港から車で40分　⊕Jl. Petitenget, Seminyak, Kerobokan ☎0361-3000106　⊕ワンダフルガーデンゲストルームRp.575万〜　全232室
ⒿⒺⓇⓅⒻ

シンプル&モダンな客室で快適
な滞在ができる

トロピカルガーデンには波紋
のようなメインプールがある

ヌサドゥア 　MAP 別冊P15B4

グランド・ハイアット
Grand Hyatt Bali

ヌサドゥア屈指の広大な水の宮殿

18haという敷地に4つの客室棟とトロピカルガーデンがある。広い客室は全室バルコニー付き。青い海やトロピカルガーデンのラグーンプール、小さな滝が見える。女性に人気のスパ「クリヤスパ」も併設。ロビーには日本語デスクもある。レストランは、日本料理店やイタリア料理店、日替りのバリ舞踊が楽しめる「パサール・センゴール」など。

DATA ⊗空港から車で30分　⊕Nusa Dua BTDC ☎0361-771234　⊕1キングベッドRp.230万〜　全636室
ⒿⒺⓇⓅⒻ

エレガントなインテリのオー
シャンビュールーム

トロピカルガーデン内を流
れるラグーンプール

タンジュン・ブノア 　MAP 別冊P15B1

ノボテル・バリ・ブノア
Novotel Bali Benoa

上質なフレンチリゾート

フランス系のモダンなリゾートホテルで、館内は明るくお洒落な雰囲気。マリンスポーツの手配もしてくれる。レストランやバー、スパなど各種施設も充実している。

DATA ⊗空港から車で35分
⊕Jl. Pratama, Tanjung Benoa ☎0361-772239
⊕デラックスルームUS$85〜　全187室
ⒺⓇⓅⒻ

ヌサドゥア 　MAP 別冊P15B3

ラグーナ・ラグジュアリー・コレクション・リゾート&スパ
The Laguna A Luxury Collection Resort & Spa

アクティブな人におすすめ

ヌサドゥアのほぼ中心に位置。巨大な中庭のほとんどをラグーンが占め、ホテル棟は水上の宮殿のよう。プールに直接出られる客室もある。

DATA ⊗空港から車で30分　⊕Kawasan Pariwisata Nusa Dua Lot 2 ☎0361-771327　⊕デラックスルームガーデンビューUS$260〜　全287室
ⒺⓇⓅⒻ

プチ
情報
ホテルにより異なるが、敷地内に入る際にセキュリティ・チェックを行っているところが多い。タクシーなどで後部座席にいても、カバンなどをチェックされる。

| スミニャック | MAP 別冊P10B3 |

アナンタラ・スミニャック・バリ・リゾート
Anantara Seminyak Bali Resort

オンザビーチの好ロケーションが魅力

タイで個性的なリゾートを展開するホテルブランドが手がける高級感あふれるエレガントなホテル。コンパクトながら海に面した立地で人気。オーシャンビューのダイニングは、夕暮れ時のサンセットの景色が見事。客室は全室スイートで広いバルコニー付き。オーシャンスイートの客室は、バルコニーに備えられたジャクジーから海を望むことができる。スパやラウンジは屋上に。

DATA ⊗空港から車で30分 ⊕Jl. Abimanyu, Seminyak ☎0361-737773 ⑭スミニャックスイートUS$361〜 全60室
Ⓔ Ⓡ Ⓟ

オーシャンビューのダイニングは夕暮れ時に

直接プールにつながるスイートルーム

| クロボカン | MAP 別冊P4B1 |

サンタイ・ウマラス
The Santai Umalas Bali

田園風景に佇む隠れ家ナチュラルリゾート

クロボカンの北、ウマラス地区にある小ぢんまりとしたリゾート。全室ヴィラタイプで、各棟にプライベートプールが備えられたヴィラが、のどかな田園の中に点在している。陶器の壺や天然素材で造られたぬくもりある家具や調度品など、自然を取り入れたバリ島らしいインテリアに、心からくつろぐことができる。敷地内の小道が各客室へと続き、まるで小さな村のような雰囲気に包まれている。

DATA ⊗空港から車で50分 ⊕Jl. Bumbak No.88A, Banjar Kelod Anyar, Kerobokan ☎0361-3001015 ⑭1ベッドルームUS$332〜 全11棟
Ⓔ Ⓡ Ⓟ Ⓕ

ライトアップされたロビーはロマンチックな雰囲気

パブリックエリアからの眺め

| スミニャック | MAP 別冊P11C3 |

スミニャック・スイート・プライベート・ヴィラ
The Seminyak Suite Private Villa

ショッピング派には絶好のロケーション

スミニャックの中心にあるヴィラ。現代的なデザインで統一されたスタイリッシュなヴィラは、余裕ある造りでゆったりくつろげる。1ベッドルームから3ベッドルームまで揃うヴィラはすべてプライベートプール付き。さらに広々としたサンデッキスペースとキッチンも備えている。ヴィラでのロマンチック・キャンドルライト・ダイニングも人気がある。

DATA ⊗空港から車で25分 ⊕Jl. Raya Seminyak No.17, Kuta ☎0361-738738 ⑭1ベッドルームヴィラUS$266〜、2ベッドルームヴィラUS$371〜 全33室、17棟
Ⓔ Ⓡ

一軒家のような間取りが特徴ある空間

居心地のよいベッドルーム

| ウブド周辺 | MAP 別冊P17A2 |

コモ・シャンバラ・エステート
Como Shambhala Estate

スパ＆ヨガ施設が充実の隠れ家リゾート

ウブド郊外の深い森に囲まれ、聖水が湧くパワースポットを開拓して造られたリゾート。ヨガやアーユルヴェーダの専門家が在籍するウェルネスリゾートとして知られている。日本家屋をイメージしたプール付きのプライベートヴィラが魅力。禅の雰囲気を感じさせる庭は、滝の流れる音が心地よいやすらぎの空間。アユン川ラフティングなどのアクティビティも楽しめる。

DATA ⊗空港から車で1時間30分 ⊕Banjar Begawan, Desa Melinggih Kelod, Payangan ☎0361-978888 ⑭ガーデンルームUS$603〜 全30室
Ⓡ Ⓟ Ⓕ

プールのすぐ目の前には森が広がる

木造の伝統家屋を移築したレストラン

| タンジュン・ブノア | MAP 別冊P15B1 |

グランド・ミラージュ・リゾート＆タラソ・バリ
Grand Mirage Resort & Thalasso Bali

オールインクルーシブで快適な滞在

広大なプライベートビーチに佇むホテル。バリ島では珍しい食事・飲み物・マリンスポーツが無制限のオールインクルーシブプランも。併設の「タラソ・スパ」(→P82)は海洋療法で有名。

DATA ⊗空港から車で30分 ⊕Jl. Pratama No.74, Tanjung Benoa ☎0361-771888 ⑭プレミアムガーデンRp.186万〜 全371室
Ⓔ Ⓡ Ⓟ Ⓕ

Ⓙ 日本語スタッフ Ⓔ 英語スタッフ Ⓡ レストラン Ⓟ プール Ⓕ フィットネスジム

| クロボカン | MAP 別冊P12B3 |

ペッパーズ・スミニャック
Peppers Seminyak Bali

スタイリッシュでモダンクロボカンで話題のヴィラ

広大な敷地内に、プライベートプールとリビング、ダイニング、キッチンを備えた贅沢なヴィラは全部で52棟。どれもゆったりした造りの1〜5ベッドルームのタイプが用意されている。都市型の高級コンドミニアムのような快適な空間で、ダークウッドの落ち着いた内装、現代的なコンテンポラリーデザインのインテリアも心地よい。スパ利用だけのゲストも利用できるプールもある。レストラン、バー、スパ、ジム、プールなどの施設のほか、自転車レンタルなどもあり充実している。

DATA ⊗空港から車で35分 ⊕Jl. Pura Telaga Waja, Petitenget, Seminyak ☎0361-730333 ⊕2ベッドルームプールヴィラRp.770万〜 全52棟

Ⓙ Ⓔ Ⓡ Ⓟ Ⓕ

セミオープンのリビングダイニング

宿泊ゲスト専用のプール

| ジンバラン | MAP 別冊P14B4 |

インターコンチネンタル・バリ・リゾート
Intercontinental Bali Resort

バリ最大規模を誇る大型リゾート

ジンバラン・ビーチを見渡す、絶好のロケーションが魅力の大型リゾート。南国の植物が生い茂るガーデンには6つのプールが配されており、多彩なレストランやさまざまなタイプの客室棟が点在している。リゾート内にスパが3つあり、オーシャンビューなど好みのロケーションでリラックスできる。クラブ・コンチネンタルのゲストにはアフタヌーンティーのサービスがある。

DATA ⊗空港から車で20分 ⊕Jl.Uluwatu No.45, Jimbaran ☎0361-701888 ⊕クラシックルームUS$223〜 全425室

Ⓙ Ⓔ Ⓡ Ⓟ Ⓕ

ゴージャスな雰囲気のスイートルーム

まるで海に続いているようなメインプール

| ウブド周辺 | MAP 別冊P17A2 |

コマネカ・アット・タンガユダ
Komaneka at Tanggayuda

美しい緑の中に立つ豪華なヴィラ

ウブド郊外にある全室ヴィラのホテルは緑豊かなロケーション。3面ガラス張りの客室は、まるで森のなかにいるような気分。屋外のインフィニティプールは縁どりがないため、森と一体化したような感覚で楽しめる。静かな環境にステイしながら、ウブド中心部への無料シャトルサービスがあるので観光や買い物も不便がない。スタッフのフレンドリーな対応も評判。

DATA ⊗空港から車で1時間45分 ⊕Banjar Tanggayuda, Kedewatan, Ubud ☎0361-978123 ⊕ガーデンヴィラRp.450万〜 全35棟

Ⓙ Ⓔ Ⓡ Ⓟ Ⓕ

屋外インフィニティプール

ハネムーナー向けの"2人だけの隠れ家ホテル"がコンセプト

| スミニャック | MAP 別冊P10A1 |

クラブ・バイ・ザ・レギャン
The Club by the Legian

豪華ヴィラでゴージャス気分

全12棟のヴィラからなる贅沢なリゾート。客室はシックで洗練されたインテリア。すべての客室で専属バトラーが滞在中のサポートをしてくれる。

DATA ⊗空港から車で40分 ⊕Jl. Seminyak, Beach 80361 ☎0361-730622 ⊕1ベッドルームヴィラUS$762〜 全12棟

Ⓙ Ⓔ Ⓡ Ⓟ Ⓕ

| ウンガサン | MAP 別冊P4B4 |

ルネッサンス・バリ・ウルワツ・リゾート&スパ
Renaissance Bali Uluwatu Resort & Spa

ウンガサンの丘の上に佇む巨大リゾート

ウンガサンの森や海を見渡す小高い丘の上に立ち、豊かな自然を眼下に見下ろす絶景のリゾートホテル。客室はバリ島の伝統工芸にインスピレーションを受けたモダンなデザインで、全室テラス付き。

DATA ⊗空港から車で40分 ⊕Jl. Pantai Balangan No.1, Ungasan ☎0361-2003588 ⊕ガーデンビューバルコニースイートRp.240万〜 全208室

Ⓔ Ⓡ Ⓟ Ⓕ

プチ情報 英語が苦手な人は、日本語スタッフのいる高級ホテルを選ぶと安心だ。最近では中規模の高級ヴィラでも日本人スタッフを配属しているところが少なくない。

ウブド周辺 MAP 別冊P3C3 **パドマ・リゾート・ウブド** Padma Resort Ubud	四方を木々に囲まれた広大なリゾート。ヨガなどの体験メニューが多彩。✈空港から車で1時間40分 🏠Banjar Carik , Desa Puhu, Payangan 📞0361-3011111 🛏プレミアムルームRp.344万～ 全149室	E R P
クタ MAP 別冊P8A3 **プルマン・バリ・レギャン・ビーチ** Pullman Bali Legian Beach	晴れた日は水平線まで見渡せる最上階のインフィニティプールが人気。✈空港から車で25分 🏠Jl. Melasti No.1, Legian 📞0361-762500 🛏デラックスルームRp.171万～ 全365室	E R P
ジンバラン MAP 別冊P14B3 **ベルモンド・ジンバラン・プリ・バリ** Belmond Jimbaran Puri Bali	全室コテージのリゾート。西洋＆アジア料理のレストランが評判。✈空港から車で15分 🏠Jl. Uluwatu, Yoga Perkanth Lane, Jimbaran 📞0361-701605 🛏スーペリアガーデンビューコテージUS$448～ 全64室	E R P
クタ MAP 別冊P6B3 **ポピーズ** Poppies Bali	都心部にありながら南国植物のガーデンのなかに佇む隠れ家のようなヴィラ。✈空港から車で20分 🏠Jl. Legian Poppies Lane 1, No.19, Kuta 📞0361-751059 🛏ガーデンビューコテージRp.198万～ 全20室	E R P
ウブド周辺 MAP 別冊P17A3 **ピタ・マハ** Pita Maha	伝統あるバリ様式のヴィラタイプの客室に王宮風のインテリアが光る。✈空港から車で1時間40分 🏠Jl. Raya, Sanggingan 📞0361-974330 🛏ガーデンヴィラRp.412万～ 全23棟	J E R P
ウブド周辺 MAP 別冊P17B3 **ナチュラ・リゾート&スパ** Natura Resort&Spa	プタヌ川渓谷沿いの隠れ家リゾート。自然の中で快適に過ごせる。✈空港から車で1時間40分 🏠Banjar Laplapan, Ubud 📞0361-978666 🛏トラディショナルヴィラRp.212万～ 全14室	E R P
ヌサドゥア MAP 別冊P5C4 **ヒルトン・バリ・リゾート** Hilton Bali Resort	インド洋を見下ろす崖上の高級リゾート。細やかなサービスに定評あり。✈空港から車で25分 🏠Jl.Raya, Nusa Dua Selatan, Nusa Dua 📞0361-773377 🛏ゲストルームガーデンビュー Rp.185万～ 全420室	J E R P F
ウブド MAP 別冊P18B4 **トゥガル・サリ・アコモデーション** Tegal Sari Accommodation	ライステラスが続く広大な敷地に、ヴィラやバンガローが点在している。✈サレン・アグン宮殿から徒歩15分 🏠Jl. Hanoman, Padang, Tegal,Ubud 📞0361-973318 🛏スーペリアRp.35万～ 全40室	J E R P
レギャン MAP 別冊P8A2 **パドマ・リゾート・レギャン** Padma Resort Legian	レギャン・ビーチに面した大型高級ホテル。週数回のバリ舞踊のディナーショーは見応えあり。✈空港から車で30分 🏠Jl. Padma 1, Legian 📞0361-752111 🛏デラックスRp.542万～ 全432室	J E R P F
タンジュン・ブノア MAP 別冊P15B3 **ソル・バイ・メリア・ブノア** Sol by Meria Benoa Bali	北ゲートを出てすぐのビーチ沿い。カヌーなどのウォーターアクティビティが充実。✈空港から車で30分 🏠Jl. Pratama, Tanjung Benoa 📞0361-771714 🛏ノルルームUS$219～ 全127室	E R P F
レギャン MAP 別冊P11D4 **フェアフィールド・バイ・マリオット・バリ・レギャン** Fairfield by Marriott, Bali Legian	バルコニーまたはテラスのある客室は明るく開放的。デスクやミニ冷蔵庫など設備も充実。✈空港から車で20分 🏠Jl. Sri Rama No.8C, Legian 📞0361-3015388 🛏デラックスRp.95万～ 全160室	E R P F
クタ MAP 別冊P4B2 **アムナヤ・クタ** Amnaya Kuta	街の喧騒から離れた路地の奥にあり、全室広々としたバルコニー付き。✈空港から車で15分 🏠Jl. Kartika Plaza Gang Puspa Ayu No.99, Kuta 📞0361-755380 🛏デラックスRp.297万～ 全116室	E R P
レギャン MAP 別冊P8B3 **ソリア・レギャン** SOLIA Legian Bali	最上階にはジャクジー付きのプールもスタンバイ。客室はシンプルで使い勝手がよい。✈空港から車で25分 🏠Jl. Sriwijaya No.16, Legian 📞0361-4752999 🛏デラックスRp.127万5000～ 全136室	E R P
ウブド周辺 MAP 別冊P17B2 **ブルーカルマ・ネストリン・ウブド** Blue Karma Nestling Ubud	平屋建てでジャワスタイルの客室が魅力の緑に包まれたホテル。✈空港から車で1時間50分 🏠Jl. Suweta Br. Kelabang Moding, Tegallalang 📞0361-737898 🛏1ベッドルームスイートRp.759万～ 全21室	E R P
クタ MAP 別冊P4B2 **フェイブ・ホテル・クタ・カルティカ・プラザ** Fave Hotel Kuta Kartika Plaza	クタの大通り沿いにある便利なホテル。屋上プールやバーなど施設が充実。✈空港から車で15分 🏠Jl. Kartika Plaza No.45 X, Kuta 📞0361-4727799 🛏スタンダードRp.46万～ 全100室	E R P
レギャン MAP 別冊P8B4 **アラム・クル・クル** Alam Kul Kul	レギャン・ビーチ近くの隠れ家リゾート。ジャムー・トラディショナル・スパが人気。✈空港から車で20分 🏠Jl. Pantai Kuta, Legian 📞0361-752520 🛏アラムUS$66～、アラム・ヴィラUS$110～ 全79室	E R P
ヌサドゥア MAP 別冊P15B3 **ウェスティン・リゾート・ヌサドゥア** Westin Resort Nusa Dua	キッズプールなどが充実していて家族旅行に人気のホテル。全室バルコニー付き。✈空港から車で30分 🏠Kawasan BTDC Lot N3, Nusa Dua 📞0361-771906 🛏デラックスRp.280万～ 全433室	J E R P F
クタ MAP 別冊P14B1 **ダイナスティ** Bali Dynasty	カルティカ通り沿いのファミリー向けビーチリゾート。空港からのアクセスも便利。✈空港から車で10分 🏠Jl. Kartika Plaza, Tuban, Kuta 📞0361-752403 🛏スーペリアUS$87～ 全313室	E R P F

🅙 日本語スタッフ 🅔 英語スタッフ 🅡 レストラン 🅟 プール 🅕 フィットネスジム

1dayトリップ
Excursion

ジャワ島・ジョグジャカルタ周辺

ムラピ山 ▲
G.Merapi

N
W E
S

0　　　　6km

S.Elo

S.Progo

Pabelan

Muntilan

Ngablak

Ngandong

Kaliurang

Gondoarum

●ムンドゥ寺院 P125
Candi Mendut

●パウォン寺院 P125
Candi Pawon

K.Batang

Salam

Butuh

Pakem

ボロブドゥール・サンライズ P125

ボロブドゥール寺院
Candi Borobudur P122

Tempel

Ngemplak

ハイアット・リージェンシー・ジョグジャカルタ 🇭

Sleman

Kali Tepus

Balangan

K.Krasak

Melati

プランバナン寺院
Candi Prambanan P126

サリ寺院

Ngijon

Godean

サンビサリ寺院

Kalasan

カラサン寺院

Nanggulan

トゥグ駅
STN.TUGU

Gamping

ジョグジャカルタ
Yogyakarta

Pedes

ジョグジャカルタ王宮

Kota Gede

kasongan

Piyungan

Bangunpapan

Kali Progo

Putat

A

B

バリ島からひと足のばしてジャワ島の古都
ジョグジャカルタへ。バリ島から飛行機で
約1時間30分で行けちゃいます。

世界最大の仏教遺跡
ボロブドゥール寺院

Candi Borobudur [MAP] P121A1

大ストゥーパ

東

獅子像・東側入口

隠れた基壇

円壇上の小ストゥーパ

第4回廊
第3回廊
第2回廊
第1回廊

北側出口

北

西

南　ジャワ島中部の密林で発見された仏教遺跡。一辺123mの基壇上に5層の方壇と3層の円壇がピラミッド状に積まれ、504体の仏像を正確に配した幾何学的建築は、大乗仏教の世界観を体現している。方壇の回廊には仏教の説話を描いたレリーフが1460面も続き、参拝者はこれらを辿ることで、煩悩から悟りへの道を疑似体験したという。

↑基壇、方壇、円壇の3層が仏教における三界に対応している

歴史

紀元780年〜825年頃、シャイレーンドラ朝のダルマトゥンガ王により建設されたと推測されている。1814年、密林の彼方に忘れ去られていた寺院を、英国人副総督ラッフルズが発見。1973年からユネスコによる大規模な修復が行われると同時に遺跡周辺は公園として整備され、1991年には世界文化遺産に登録されている。

回り方

0　120m

ダギ丘陵

レストラン

象園

ボロブドゥール寺院

考古学博物館

エレファントライド

入場ゲート

マノハラホテル

P

遺跡公園には寺院のほかインフォメーションセンターや博物館、ホテルなどもあり、一日中楽しめる。寺院の石段は滑りやすいので歩きやすい靴で。日中は帽子や日傘、飲料水を用意したほうがいい。

ボロブドゥール遺跡公園

☎0293-788-266　⏰6時30分〜16時30分
㉡なし　㉠US$25

東側入口

寺院へ入る際は専用のサロン（腰巻き）を着けることになっており、入口手前に貸出所がある。参道中央の世界遺産の石碑前や、参道左手の広場は定番の記念撮影スポット。
➡寺院に近づくにつれ、その大きさに圧倒される

注目

◆獅子像

四方面の入口にはライオン像が。ジャワ島はライオンの生息地から遠く離れていたためか、実際のライオンとは似ても似つかないサルのような顔をしている。
➡古代インドで仏の両側に守護獣としてライオン像を置いたのが起源

➡博打、飲酒など欲望の数々が描かれている

◆隠れた基壇

最下層の基壇の背後には、160面のレリーフが刻まれた別の基壇が隠されており、南東の角で見ることができる。レリーフは因果応報が主題で、煩悩に支配された「欲界」に住む人間の姿が描かれている。その一部に「ウィルーパ（醜い顔）」という古代ジャワ文字が刻まれており、寺院の建築年代推定の手掛かりとなった。

← 幅2mの回廊が4層にわたって続いている

← 公園内の広場を象の背中に乗って一周できる ↑ 寺院から眺める夜明けは必見

第1回廊

ブッダの誕生から初説法までを描いた「仏伝記」、前世の行いを描いた「本生譚」、ブッダ以外の聖人等の行いを描いた「譬喩譚」のレリーフが回廊の壁を埋め尽くす。
◆詳しくは➡P124

ブッダの物語は上段に描かれている

↑「本生譚」の一話、ブッダがウサギだった時のエピソード

第2回廊

壁のレリーフは「華厳経」のなかにある「入法界品」を描いたものが中心。これは青年スダナ（善財童子）が53人の賢人に教えを請いながら旅を続け、悟りへの道を追求する物語。ほかに「本生譚」、「譬喩譚」も見られる。
◆詳しくは➡P124

↑彫りが深く躍動感のあるレリーフが見られる

➡仏龕（仏像を安置する堂）が整然と並ぶ

第3回廊

欄楯（回廊の外壁側の壁）に欠けている部分が多く周囲の眺望が開ける。外壁側に並ぶ仏像を間近に見ることができるので、方角によって異なる印相（手の形）を結んでいる点に注目。壁のレリーフは善財童子の旅が続いており、53人目の弥勒菩薩に出会うところから始まる。

第4回廊

主壁側の方檀最上部には東西南北で同じ印相の仏像が並ぶ。円壇への入口には拱門が設けられ、上部には魔を払うカーラの緻密な彫刻が見られる。回廊のレリーフは善財童子が普賢菩薩に出会うラストシーンまでが描かれている。
➡カーラは仏教、ヒンドゥー教のどちらの寺院でも見られる

➡以前は「幸運の像」として内部の像にふれるのが人気だったが現在は禁止

3層の円壇に下から32、24、16の計72基のストゥーパが規則的に並ぶ。鐘形のストゥーパは内部を見られるよう透かし格子で石組みされており、1体ずつ仏坐像が安置されている。現在は見学用に中の仏像を露出させている小ストゥーパが東西に1基ずつある。

円壇上の小ストゥーパ

↑小ストゥーパの格子は下の2層が菱形・上層は正方形

大ストゥーパ

➡上部は修復されておらず代わりに避雷針が設置されている

寺院の中心を成す最上部のストゥーパは基底直径16mを超える巨大なもので、仏教世界の中心である須弥山を象徴。仏舎利塔ともいわれ、元はブッダの遺骨や遺髪を納め祭ったものだが、ここには何も入っていない。

北側出口

寺院北側の階段をまっすぐ進んだ先が出口で、入場時に借りたサロンはここで返却する。また、寺院の北西の角は広場になっており、寺院全体をカメラに収める絶好のスポット。

探してみよう

注目ポイントはココ

巨大なボロブドゥール寺院は、全体が仏教の百科事典ともいわれている。レリーフの物語や仏像の意味を読み解けば、建築に秘められた壮大な世界観をより深く感じられるだろう

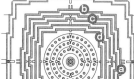

必見

普賢菩薩と善財童子…d
53人の賢者を訪ねた善財が文殊菩薩に再会すると、今度は普賢菩薩に会うよう勧められ旅を再開する。最後に普賢菩薩は善財の頭をなで、すでに悟りに達していることを告げる。

第1回廊で ブッダの生涯をたどる

第1回廊は通路の左右の壁にレリーフが施されており、主壁側は上下2段に分かれている。必見はブッダの誕生から初説法までのストーリーを描いた上段のレリーフで、悟りまでの歩みをじっくりたどることができる。

第2～4回廊へと続く善財童子の旅

第2回廊からは初期大乗仏教の経典の1つ『華厳経』に記された「入法界品」がレリーフで描かれている。これは青年スダナ（善財童子）が文殊菩薩の導きにより53人の賢者を訪ね、教えを受けながら諸国を旅する物語。僧侶、船頭、菩薩、遊女などからさまざまな教え（善知識）を得て、悟りを開くまでが第4回廊まで続く。

天界にいるブッダ…a
地上に降臨する以前、ブッダがまだ天界にいる時の様子

北

西 東

南

シヴァ神…c
善財が訪ねた賢者のなかにはシヴァ神も。聖牛ナンディンや三又の鉾も見られる

悟りを開く…b
菩提樹の下で瞑想するシッダールタが悟りを開き、ブッダ（目覚めた人）となる

504体の仏像

ボロブドゥール寺院には全部で504体の仏坐像が幾何学的に配置されている。方檀の第1～4段までは方角ごとに印相の異なる92体、第5段に四方行同一印相の64体、円檀の小ストゥーパ内に同一印相の72体。それぞれの意味や役割を見てみよう。

釈迦如来_転法輪印…円檀
指で輪を作る転法輪印を結び、全方向に向いて真理を説く様子を表している。

阿弥陀如来_禅定印…西
阿弥陀は無限の光で現世を照らす仏で西方にある極楽浄土を持つ。両手を合わせた瞑想中の印相

不空成就如来 施無畏印…北
何ものにもとらわれず実践することを意味する仏。手の平を前にかざし、人々の恐れを取り除き励ます印相

知っているとより楽しめる仏教ワード

◆ 如来 にょらい

一度悟りの世界に行って、そこから戻ってきた人。もとは悟りを得た後のブッダを指すが、大乗仏教では他にも如来がいると考えられている。図像としては薄い衣だけを着け、手に何も持たない姿が特徴。

[主な如来]
・釈迦如来…悟りを得た後のブッダ
・阿弥陀如来…西方浄土に住み人々を極楽浄土に招く
・薬師如来…東方浄瑠璃世界に住み人々の病を治す
・毘盧舎那如来…宇宙の真理を人々に照らす。ブッダはその化身。大日如来とも

◆ 菩薩 ぼさつ

悟りを求めて修行する人。階位があり最高位の菩薩は如来の救世活動を手伝う。図像は王子時代のブッダがモデルで、冠や胸輪などの装身具が着けられている。

[主な菩薩]
・弥勒菩薩…シッダールタ（ブッダ）の入滅後56億7000万年後に次にブッダになる人
・文殊菩薩…知恵を司る仏。青蓮華、剣、ヤシの葉に書かれた経典を持つ
・普賢菩薩…真理を究めて悟りを求める心の象徴。5刃の金剛杵を持つ。金剛手菩薩とも
・観音菩薩…救いを求める者を救済する。観自在菩薩、観世音菩薩とも

こちらも
CHECK

世界一のサンライズを見る！

ボロブドゥール寺院が最も美しく見えるのは夜明けの瞬間。朝霞に煙るジャングルと雄大な山々、鳥たちの鳴き声に包まれながら、謎多き寺院が朝日に照らされる神秘的なシーンに立ち合いたい

ボロブドゥール・サンライズ
Borobudur Sunrise

遺跡公園内にあるマノハラ・ホテルでは、夜明け前にボロブドゥール寺院に入場し、日の出を観賞できるサンライズツアーを催行している。予約の必要はなく、ホテル専用の門を通ってフロントでチケットを買うだけ。専用の黄色いサロンを巻いて入場した後は、自由に行動できる。公園が開園した後もそのまま見学できるので、日の出を眺めた後で、じっくり遺跡を見て回ろう。
※2023年5月現在、ツアーは休止中

DATA ⊗入場は4時30分～5時くらい ㊡なし ㊎ホテルのHPを確認 URLmanoharaborobudur.com

⬆ジョグジャカルタからツアーで訪れる観光客も多い

➡ホテルでサロンと懐中電灯を借りて入場。返却時にお菓子とドリンクがサービスされる

⬆涼しく静かな空気のなかでボロブドゥールの真の美しさを見ることができる

まだある！ ボロブドゥール寺院周辺のみどころ

MAP P121A1
優美なレリーフで飾られた小堂
パウォン寺院 Candi Pawon

8世紀中頃の建設とされる小さな仏教寺院で、王の墓だったと推定されている。堂内には何も残されていないが、天界の情景を描いた外壁のレリーフがみごとで、左右には蓮の花を持つターラー菩薩も見られる。また、ボロブドゥール、パオン、ムンドゥの3寺院は一直線上に並んでおり、参道で結ばれていたという説がある。

DATA ⊗ボロブドゥール遺跡公園から車で10分 ㊂6～17時 ㊡なし ㊎Rp.2万

⬆1900年代の修復時に補填された新しい石材も多い

必見
天界のレリーフ
天界の樹木カルパタールを中心に半人半鳥のキンナラ（男）とキンナリ（女）、天人たちが描かれている

MAP P121A1
芸術性の高い三尊像は必見
ムンドゥ寺院 Candi Mendut

ボロブドゥール寺院と同時期に建設されたと推定される仏教寺院。堂内に安置される3体の仏像をはじめ、外壁に刻まれた八大菩薩のレリーフや、中央通路の毘沙門天と鬼子母神のレリーフなど、当時のジャワ美術の成熟を物語る美しい作品が残されている。敷地内にあるガジュマルの大木も有名。

DATA ⊗ボロブドゥール遺跡公園から車で15分 ㊂6～17時 ㊡なし ㊎Rp.1万

必見
本堂内部の三尊
ジャワ芸術の傑作と名高い3体の像は、中央が転法輪印を結ぶ釈迦如来、向かって左が観音菩薩、右が金剛手菩薩

の レリーフ
本堂への通路壁面にある鬼子母神

土中に埋まっていた寺院は1925年に修復。欠けている塔頂部分は見つかっていない

↓プランバナン寺院はシヴァ堂を中心に、内苑にある8棟が修復されている

三大神を祭るジャワ・ヒンドゥーの至宝
プランバナン寺院

Candi Prambanan MAP P121B2

東を正面にして、外苑、中苑、内苑の3重構造をもつプランバナン寺院は、大小237基の祠堂から成るインドネシア最大のヒンドゥー寺院。110m四方の内苑には、シヴァ堂を中心にヴィシュヌ堂やブラフマー堂が並び、各神の乗り物であるナンディン、ガルーダ、ハンサの堂がそれぞれの正面に配置されている。

プランバナン遺跡公園

☎0274-796-402/406 働6時30分〜17時 休なし 料US$25

歴史

シャイレーンドラ朝の王女とサンジャヤ朝の王子が結婚した際、サンジャヤ族の主権回復と結婚を記念して、856年に建設が始まった。920年代の火山噴火や疫病により、国の中心は東のクディリへ移動。打ち捨てられた寺院は16世紀の大地震で倒壊した。20世紀に修復作業が始まり、現在も修復作業は続けられている。

回り方

広大な遺跡公園内にはプランバナン寺院のほかに3つの寺院遺跡やミュージアム、レストランがある。日陰はほとんどなく日中は暑さが厳しいので、帽子とサングラスは必携だが、堂内に入る際は外すのがマナー。

創造と破壊の神シヴァを祭る
シヴァ堂 Candi Siwa

必見

➡中央に獅子像、左右に天国の樹カルパタールと半人半鳥のキンナラ、キンナリを配した建築装飾は、プランバナンを代表するモチーフ

炎のような形をした塔の高さは47mで、上部は無数のリンガで装飾されている。東正面の堂内中央にはシヴァ神の像が安置されているほか、南室にアガスティヤ、西室にガネーシャ、北室にドゥルガーの像がある。堂をめぐる回廊には叙事詩「ラーマーヤナ」を描いた42面のレリーフが見られる。

➡シヴァ堂はプランバナンの中心寺院

↓四面四臂の姿が特徴のブラフマー像

ラーマーヤナのラストが描かれる
ブラフマー堂 Candi Brahma

必見

ラーマーヤナのラストシーンが描かれたレリーフ

宇宙の根本原理ブラフマンが擬人化された創造神で、祭事や学問を司る神でもあるブラフマーを祭る。堂の高さは33m、周囲20m四方。堂内は1部屋のみで、4つの顔を持つブラフマー像が安置されている。回廊にはシヴァ堂から始まる「ラーマーヤナ」のレリーフの続きが描かれている。

必見

←回廊壁画には怪力の美青年クリシュナの英雄譚が描かれている

化身クリシュナのレリーフに注目
ヴィシュヌ堂 Candi Wisnu

宇宙の維持を司るヴィシュヌ神を祭る。内部にはヴィシュヌ神像が安置され、4本の手に棍棒、法螺貝、円盤、蓮華を持つ。回廊のレリーフはヴィシュヌ神第8の化身であるクリシュナの物語が描かれている。正面の聖鳥ガルーダ堂の内部に像は残っていない。

➡中苑南側から全体像がよく見える

知っているとより楽しめるヒンドゥー教の神々

◆ガネーシャ
商業と学問の神。シヴァの息子でゾウの頭をもつ。ネズミに乗る

◆アガスティヤ
インド神話に登場する仙人。シヴァの導師

◆シヴァ
破壊の神。三又の鉾を持ちナンディに乗る。男性器リンガで表されることも

◆ヴィシュヌ
世界の維持神。4つの武器を持ちガルーダに乗る。ラーマ王子、クリシュナなど10の化身がいる

◆ブラフマー
世界の創造神。4つのヴェーダ（聖典）を象徴する四面四臂。ハンサに乗る

◆ドゥルガー
シヴァの妻の1人で8本の腕に武器を持つ戦いの女神

人気オプショナルツアー

ツアー名	概要	DATA
いち押し！ツアー	ウルワツ寺院のケチャッ鑑賞や絶景のライステラス、ゴア・ガジャへ訪れる見どころ満載の周遊ツアー。3つのレストランから選べるディナー付き。	所要時間 約13時間(7時45分～21時30分)　US$128～　最小催行人数 2名
よくばり！ツアー	バリ・ヒンドゥー教の総本山、ブサキ寺院から今注目のキンタマーニ高原、夕日が美しいタナ・ロット寺院など代表的な観光地を巡る。	所要時間 約13時間(7時45分～21時30分)　US$98～　最小催行人数 2名
象乗り＆キンタマーニ高原＆ウブド散策	熱帯植物が生い茂るエレファントパーク内で大人気の象乗りを満喫。優しい象との触れ合いを旅の思い出に。キンタマーニ高原やライステラスも訪ねる。	所要時間 約10時間30分) US$138　最小催行人数 2名
ティルタウンプル寺院とグヌンカウィ遺跡＋ウブド自由散策付きプラン	パワースポットとしても有名で、世界文化遺産に登録されているティルタウンプル寺院とバリ島最大の石窟遺跡、グヌンカウィ遺跡へ。ウブド散策付き。	所要時間 約9時間(7時45分～17時頃)　US$92　最小催行人数 2名
カンボンバリ伝統舞踊ディナーショー	「リンバbyアヤナ バリ」で毎週水・土曜に開催の伝統舞踊ショーを鑑賞。バビ・グリン（豚の丸焼き）など、バリ名物が揃うビュッフェも充実。	所要時間 約4時間(17時～21時頃)　US$83(送迎付き)　最小催行人数 2名
海の寺院タナロットとタマンアユン寺院観光 A デラックス	まるで海の中に建っているようなタナロット寺院でサンセットを観賞。午後出発なので、午前中はマリンスポーツやスパなどを楽しめる。	所要時間 約7時間(14時30分～21時30分頃)　US$92　最小催行人数 2名
世界文化遺産ジャティルイ棚田鑑賞とウルンダヌブラタン寺院	世界文化遺産に登録されたスバック（水利施設）を使った棚田が眼前に広がるジャティルイへ。幻想的なウルンダヌブラタン寺院も訪ねる。	所要時間 約10時間(8時～18時15分頃)　US$80　最小催行人数 2名
トゥグヌンガンの滝＆ウブド自由散策と絶景ブランコ	今バリ島で人気の巨大ブランコはジャングルに向かって飛び出す飛び出すドキドキのアクティビティ。トゥグヌンガンの滝見学とウブド自由散策付き。	所要時間 約11時間(7時45分～18時30分頃)　US$86　最小催行人数 2名
ペニダ島東部シュノーケリング＆ミステリーツアー	海の美しさとミステリアスな歴史が人気のペニダ島で、シュノーケリングと絶景を楽しむのはもちろん、"魔物が住む島"の理由も紹介！	所要時間 約10時間30分(8時～18時30分)　US$150　最小催行人数 2名
グラスボトムボートで行く！マングローブの森クルーズ＆シュノーケリング・亀の島訪問ツアー	タンジュンブノアから出発し魚の餌付けとシュノーケリングを楽しんだ後、マングローブの森へクルージング。最後は亀の島を訪れる充実のツアー。	所要時間 約6時間(7時15分～13時)　US$52　最小催行人数 2名
ウルワツ寺院＆ケチャックダンスローカルレストラン	ウルワツ寺院を見学し、夕日をバックに始まるケチャックダンスを鑑賞した後、ジンバランビーチのイカン・バカールでシーフードBBQを満喫。	所要時間 約6時間(15時30分頃～22時頃)　US$70　最小催行人数 2名
日本語ガイド付！貸切チャーター	好きな場所へ自由自在に行けるフリープラン。ガイドさんに行きたいところを伝えて自分だけの旅を楽しめる。1～4名乗り4時間でUS$70。	所要時間 約4～12時間(6～24時)　US$70～／1台　最小催行人数 1名

お問合せ・申込みは「マイバス」へ

● **マイバスダイヤル** ☎0361-708555（日本語）営9～17時 休日曜 URL www.jtb.co.jp/kaigai_opt/

● **マイバスデスク**

H グランド・ハイアット内（ヌサドゥア）
営8～17時 休日曜 MAP別冊P15B4

アヤナ リゾート バリ内（ジンバラン）
営8～20時 休日曜 MAP別冊P14A4

JTBバリ支店内（ジンバラン）
営9～17時 休日曜 MAP別冊14B2

H バリ・マンディラ・ビーチ・リゾート＆スパ内（レギャン）
営8～17時 休日曜 MAP別冊P8A2

〈ツアーの諸注意〉
●掲載のツアーは2023年3月31日までの情報です●ツアーは天候や諸事情により、内容が変更されたり、キャンセルになる場合もあります。予約時にご確認ください●ツアー申し込み後のキャンセルは、規定のキャンセル料が発生します●マイバスツアー代金はUSドル表示です

コロナ関連情報

2023年5月現在、インドネシア渡航や日本帰国の際のコロナ規制は大きく緩和されている。状況によってはルールが変更となる可能性があるため、出発前に最新情報は必ずチェックしておこう。

渡航・インドネシア国内

●入国に必要なものを事前にチェック

日本からインドネシア入国の際にはパスポート、新型コロナワクチン接種証明書、ビザ、税関申告が必要。ビザは30日以内の観光目的でも取得が必要。詳細は(→P130)。情報は変更される可能性もあるので最新情報は常にチェックしよう。

出国前に必要なモノ

① パスポート

② 新型コロナワクチン接種証明書

インドネシア入国時には2回接種証明書の提示が必要。マイナンバーカードとパスポートを持っていれば、「新型コロナワクチン接種証明書アプリ」で海外用の電子証明書を発行することができる。紙の場合はマイナンバーカードがない人やアプリが使えない人でも発行できるが、各市区町村(住んでいる自治体)に郵送または窓口での申請が必要。証明書が届くまでに2週間ほどかかるため、早めに準備したい。

③ E-CD(インドネシア税関申告書)の登録

税関申告(→P130)は2022年10月頃からオンライン申請に変更。申請後二次元コードが発行されたら登録完了となる。空港ですぐに提示できるよう、スマホに保存または印刷しておこう。専用機械に二次元コードをスキャンして通過する。

④ SATUSEHATアプリの登録

インドネシア政府指定の保健サービス情報アプリ。新型コロナワクチン接種証明書を登録し、入国審査時や、施設の入館時に提示を求められる場合もあるので、日本出国前にダウンロード、及び必要事項の入力をすませておこう。登録がない場合は、日本で発行される海外用の新型コロナワクチン接種証明書で代用可能。

政府公認の保健サービス情報アプリ。言語はインドネシア語、英語の二か国語対応。

※P128、129に掲載の情報は2023年5月1日現在のものです。

⑤ Visit Japan Webサービスの情報登録

日本入国・帰国手続きに必要な「税関申告」をWeb上で行うことができるサービス。日本出国前にメールアドレスでアカウントを作成し、同伴する家族などの利用者情報や、入国・帰国のスケジュールを登録。登録しなくても入国できるが、帰国時の手続きがスムーズ。

⑥ 海外旅行保険への加入

海外で新型コロナウイルスに罹患した場合、原則的に医療費や追加滞在日の宿泊費は自己負担になる。新型コロナウイルスの罹患を保険の補償対象としている海外旅行保険に入っておきたい。クレジットカードによっては海外旅行保険が付帯するものもあるが、渡航の決済を該当のカードでするなどの条件が付いていることもあるので注意。また、帰国後に医療費を請求するために、現地の病院で診断書や領収書をもらうこと。

最新情報はここでチェック

インドネシアの最新情報

在インドネシア日本国大使館
URL www.id.emb-japan.go.jp/itprtop_ja/index.html

新型コロナウイルスに係る日本からの渡航者・日本人に対する各国・地域の入国制限措置及び入国に際しての条件・行動制限措置

外務省 海外安全ホームページ
URL www.anzen.mofa.go.jp/covid19/pdfhistory_world.html

お役立ちリンク

Visit Japan Webサービス
URL www.digital.go.jp/policies/visit_japan_web/

日本帰国

●水際対策が終了し、インドネシアから日本帰国の規制も緩和

2023年5月現在、日本帰国時のワクチン接種証明書や出国前検査証明書の提示が不要となり、水際対策は終了となった。ただし、今後の状況変化も考えられるため、最新情報は必ずチェックしておこう。

帰国時に必要なモノ

① パスポート

② 税関申告の二次元コード（Visit Japan Webで作成）

空港内の税関検査場にある電子申告端末を操作するときに必要。Visit Japan Web の「日本入国・帰国の手続き画面」の「携帯品・別送品申告」をタップして手続きを済ませると、「携帯品・別送品申告書」の情報を含んだ二次元コードが発行される。二次元コードを未発行の場合は申告書を書いて税関カウンターへ進む。

2023年4月29日午前0時以降、新型コロナウイルス感染症に対する水際対策が終了となった。これまでの水際対策として、有効なワクチンの3回接種証明書または出国前72時間以内に受けた検査の陰性証明書のいずれかの提出が必要だったが、今後は不要となる。なお、中国（香港・マカオを除く）からの直行旅客便で帰国する場合は例外。この場合は、有効なワクチン3回接種証明書または出国前72時間以内に受けたPCR検査の陰性証明書、いずれかの提出が求められる。これらについては搭乗前に航空会社で確認される。

インドネシア渡航再開後のQ&A

Ⓠ 陽性になったら？

Ⓐ 医療機関を受診しよう

発熱時や体調不良時は、帰国の渡航は自粛する。医療機関（→P140）で受診して指示に従おう。症状にもよるが、罹患が判明した検査日から数えて5日間、他人との接触を避けた行動が推奨されている。

日本語の対応が可能な医療機関

BIMCホスピタル（クタ）
☎0361-761263
URL bimcbali.com/

カシイブ病院（デンパサール）
☎0361-3003030
URL jp.kih.co.id/

Ⓠ マスクは必要？

Ⓐ 常に携帯しておこう

公共施設でのマスク着用義務が撤廃され、屋内外を問わずマスクを着用しない人が大半。ホテルのスタッフがマスクを着用している場合もある。閉鎖された場所や混雑した場所、病院などでの着用に備えて、マスクは常に携帯しておきたい。

Ⓠ 観光地の状況は？

Ⓐ 活気が戻っている

規制が大きく緩和されたことで、バリ島は再び華やかな姿に。欧米の観光客を中心に観光客も多く訪れ、コロナ以前のにぎわいを取り戻しつつある。

バリ島の名所、ウルワツ寺院も多くの観光客でにぎわう

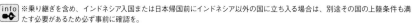

info ※乗り継ぎを含め、インドネシア入国または日本帰国前にインドネシア以外の国に立ち入る場合は、別途その国の上陸条件も満たす必要があるため必ず事前に確認を。

インドネシア入出国の流れ

大事な入出国情報は旅行が決まったらすぐにチェック！万全の準備で空港へ。

入国

① 到着 Arrival

バリ島の空の玄関口はングラ・ライ(デンパサール)国際空港。飛行機を降りたら、表示に従って入国審査エリアまで移動する。

② 入国審査 Immigration

インドネシアの入国はビザが必要。空港到着後、直接入国カウンターへ進み、パスポートと出国用の航空券(eチケット控え)を提示する。到着ビザ(VOA)を取得する場合はRp.50万を支払う。ワクチン接種証明書の提示を求められるので、準備しておこう。ングラ・ライ(デンパサール)国際空港では、出入国カードの提出が免除されている。
※出入国情報は変更される可能性があるので、必ず出発前に在本邦インドネシア共和国大使館や在インドネシア日本国大使館Webサイトなどで確認を

③ 荷物受け取り Baggage Claim

自分が乗ってきた便名が表示されたターンテーブルを確認し、該当するテーブルへ。日本を出国する際に預けた荷物を受け取る。

④ 税関審査 Customs Declaration

荷物を受け取ったら税関カウンターへ。事前に登録したE-CD税関申告書の二次元コードを税関申告書提出デスクに提示。審査官の簡単な荷物チェックを受ければ終了。免税範囲を超えている場合は、課税カウンターで申告する。

⑤ 到着ロビー Arrival Lobby

到着出口は1つだけ。両替カウンターが並ぶ通路を抜けると外に出られる。外には両替機や空港タクシーのカウンターがあり、ツアーのミーティングポイントにもなっている。

バリ島の玄関口
ングラ・ライ
国際空港

日本出国時の注意点

インドネシアの入国条件

予定が決まったらすぐチェック

○ パスポートの残存有効期間

入国時6カ月以上が必要。また、パスポートの未使用査証欄が連続2ページ以上、出国用の航空券が必要。

○ ビザ

2023年5月現在、30日以内の観光目的の滞在でもビザの取得は必要。到着ビザの取得も可能で、費用は1人あたりRp.50万。空港のカウンターで支払う。クレジットカード払いも可能。詳細は大使館WEBサイトで確認を。
www.id.emb-japan.go.jp/shingatacorona_info03.html

税関申告書

○ 税関申告の登録(E-CD)

インドネシア入国時の税関申告書は全面的に電子化。事前に申請した情報で取得した二次元コードを税関職員に提示することが求められる。日本で登録していなくても空港で登録可能。二次元コードはスクリーンショットや印刷等で保存して所持しておこう。事前登録ができなくても空港に設置してあるPCやスマートフォンから登録できる。事前登録する場合はインドネシア税関申告WEBサイトから確認。
ecd.beacukai.go.id/

到着予定日の3日前から登録可能

入国時の主な免税範囲

通貨はRp.1億相当額以上または Rp.10億以上の外貨を持込む場合は要申告。紙巻タバコ200本または葉巻25本または刻みタバコ100g。酒類1ℓ、おみやげ1人US＄500相当まで。

主な持込み禁止・制限用品

撮影済みのフィルム、ビデオテープ、レーザーディスク、コンピューターソフトウェア、麻薬、向精神薬、火器、武器、爆発物、ポルノ関連品、漢方薬。

プチ情報　パスポートの申請についてはパスポート AtoZ (外務省) www.mofa.go.jp/mofaj/toko/passport/pass_2.html

出国

❶ 手荷物検査 Security Check

空港入口でセキュリティチェックがある。すべての手荷物を検査機に通して、チェック完了のシールを貼ってもらう。

⟫

❷ チェックイン Check-in

利用航空会社のカウンターで航空券 (eチケット控え) とパスポートを提示。預け入れする荷物を預けて荷物引換証 (Claim Tag) と搭乗券を受け取る。

⟫

❸ X線検査 Security Check

搭乗ゲートの入口で機内持ち込みの手荷物検査 (X線検査) とボディチェック (金属探知のゲート) を受ける。液体物の機内持ち込み制限がある。

⟫

❹ 出国審査 Immigration

パスポート、搭乗券を提示してパスポートに出国スタンプを押してもらう。

⟫

❺ 免税品受け取り

市内で免税品を買った場合の受け取りカウンターも3階出国フロアにある。忘れずに受け取ろう。

⟫

❻ 搭乗ゲート Boarding Gate

X線検査を受けたあとはゲート内で、搭乗アナウンスを待とう

出発の2時間前には空港に到着していたい

機内持込み・預入れ荷物の注意点

○ 液体物

機内持込みの手荷物に100㎖以上の液体物が入っていると、荷物検査で没収となるので注意。100㎖以下であれば、100㎖以下の個々の容器に入れ、ジッパーのついた容量1ℓ以下の透明プラスチック製袋に入れれば持ち込める。

○ バッテリー類

リチウム電池またはリチウムイオン電池はスーツケースなど預け入れ荷物に入れることができない。携帯電話充電用のバッテリーなどは注意。

※詳細は国土交通省航空局のWEBサイト
🔗 www.mlit.go.jp/koku/03_information/

日本帰国時の制限

○ 主な免税範囲 ※酒類とタバコは20歳未満の免税なし

●酒類…3本(1本760㎖)
●タバコ…タバコ1種類の場合、紙巻タバコ200本、加熱式タバコ個装等10個、または葉巻50本、またはその他のタバコ250g。
●香水…2オンス(1オンスは約28㎖、オードトワレ・コロンは除く)
●その他…1品目毎の海外市価合計額が1万円以下のもの全量。その他は海外市価の合計額20万円まで。1個で20万円を超える品物は全額課税。

主な輸入禁止と輸入制限品

主な輸入禁止品…麻薬、大麻、覚せい剤、鉄砲類、わいせつ物、偽ブランド品など。

主な輸入制限品…ワシントン条約に該当するもの(ワニ、ヘビ、トカゲ、象牙などの加工品や漢方薬など)、土つきの植物、果実、切り花、野菜、米、ハムやソーセージ、乾燥肉などの肉類。医療品や化粧品も数量に制限あり(化粧品は1品目24個以内)。

※日本帰国時の税関で、「Visit Japan Web」を利用した電子申告または「携帯品・別送品申告書」を提出する(家族が同時に税関検査を受ける場合には代表者のみ)。

┌─────────────────────────┐
Visit Japan Webサービス

URL www.digital.go.jp/policies/
visit_japan_web/
└─────────────────────────┘

プチ情報 日本帰国への際、別送品がある場合や免税範囲を超えた税率などの詳細は税関 🔗 www.customs.go.jp/ を参照。

空港～バリ島内の交通

ングラ・ライ国際空港からバリ島内への交通手段は車のみ。深夜便で不安な人は、宿泊先のホテルにピックアップを依頼すると安心だ。

交通早見表

それぞれにメリットとデメリットがある。
深夜着の便などで夜の移動が心配なら、ホテルのタクシーが安心。

交通機関	特徴	料金(片道)	所要時間
エアポートタクシー	空港乗り入れ専用タクシー。エアポートタクシーのカウンターで、行き先別のチケットを購入し、ドライバーにチケットを渡す。	行き先により異なる。	下の表を参照。
ホテルの送迎車	日本から予約できるホテルのほとんどは空港からの送迎サービスを行っている。予約時に飛行機の便名を伝えておけば、到着時刻に到着ロビーまで迎えに来てくれる。	有料・無料はホテルによるが、有料の場合が多い。予約時に確認を。	各ホテルにより異なる。
グラブ・タクシー	東南アジアを中心に展開するグラブ(Grab)の配車サービス。アプリに目的地を入力して検索すると、グラブに登録している一般ドライバーが自分の車で目的地まで運んでくれる。	乗車前に目的地までの料金が表示される。支払いは現金かキャッシュレスで選択可能。	各エリアにより異なる。

エアポートタクシー

空港専用のタクシー。到着フロアを出たら案内板に従ってタクシーカウンターへ。そこで料金を払ってチケットを購入する。エリアによって金額が決まっているので、多く払いすぎる心配がない。

目的地別に料金が明記されているので安心

チケット購入後に乗り場へ移動する。
チケットはドライバーに手渡す

エアポートタクシー料金目安

エリア	料金	所要時間
クタ	Rp.15～18万	15～20分
レギャン	Rp.20万～	15～20分
スミニャック	Rp.21万	50分
ウブド	Rp.43万～60万	2～3時間
ジンバラン	Rp.18万～25万	15分
ヌサドゥア	Rp.23万～30万	1時間
サヌール	Rp.25万～	1時間

注意すること

◯ 非正規の空港タクシー

到着ロビーを出ると、非正規のタクシードライバーに声をかけられることがある。たとえ交渉して金額が安かったとしても、トラブルの可能性を考えると正規の空港タクシーを利用するほうが安心。

◯ 地図やバウチャーを用意

小規模なホテルなどは、タクシーのドライバーでも場所を知らない場合がある。日本から地図を印刷して持っていくか、現地語で住所が書かれたホテルのバウチャーなどを見せると分かりやすい。

◯ ポーターは必要?

チケットカウンターからタクシー乗り場まで、スーツケースなどの荷物を運び、チップを要求するポーターがいる。乗り場はすぐ近くなので、必要ない場合ははっきりと断ろう。頼む場合は、Rp.2万～が目安。

プチ情報　帰りの便が深夜の場合は、タクシーよりもホテルの送迎車が安心。早めにレセプションで予約をしておき、出発日はチェックアウト後、荷物を預けておけばいい。

ホテルの送迎車

宿泊先ホテルに予め到着時間を知らせておけば、到着時間に合わせてピックアップしてくれるサービス。一番安全な方法だが、有料の場合はタクシーに比べて割高なことがある。また、リーズナブルなホテルには送迎サービスがないことが多い。

グラブ・タクシー

アプリで配車して車を呼ぶサービス。人数や目的に合わせて希望車種を選ぶことができる。一般人ドライバーの車なので個人間のトラブルには気をつけて。アプリの登録は電話番号認証が必要になるため事前に日本で登録していくことがおすすめ。

ングラ・ライ（デンパサール）国際空港案内図

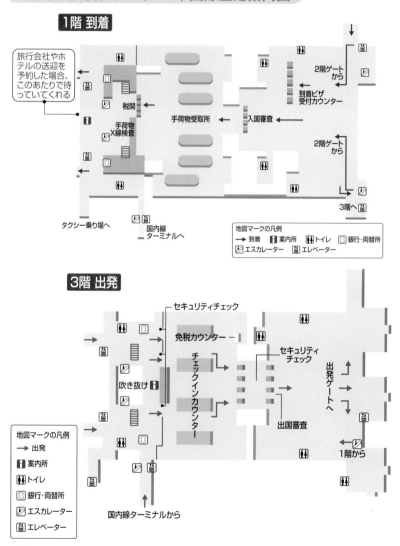

1階 到着

旅行会社やホテルの送迎を予約した場合、このあたりで待っていてくれる

2階ゲートから

到着ビザ受付カウンター

2階ゲートから

税関

手荷物受取所

入国審査

手荷物X線検査

3階へ

タクシー乗り場へ

国内線ターミナルへ

地図マークの凡例
→ 到着　案内所　トイレ　銀行・両替所
エスカレーター　エレベーター

3階 出発

セキュリティチェック

免税カウンター

チェックインカウンター

セキュリティチェック

吹き抜け

出国審査

出発ゲートへ

1階から

地図マークの凡例
→ 出発
案内所
トイレ
銀行・両替所
エスカレーター
エレベーター

国内線ターミナルから

プチ情報　空港内にはおみやげ店や飲食店が多いが、到着便・帰国便ともに深夜の場合は閉店している店も。両替所は遅くまで営業している。

(133)

旅のキホン

通貨や気候、通信環境などの現地事情は事前にインプット。また、マナーや習慣など日本と異なることも多い。

通貨

○ 通貨はルピア

通貨単位はルピア Rupiah。「Rp.」と表記する。

○ 紙幣の種類

紙幣は Rp.1000、2000、5000、1万、2万、5万、10万。インドネシアでは紙幣のデザインがよく変わるので、間違えないように注意しよう。紙幣は汚れていたり破れていることもあり、あまり汚いと受け取ってもらえないことも。両替所でお金を受け取るときは気をつけよう。

○ 硬貨の種類

硬貨は Rp.100、200、500、1000。

Rp.1万≒約87円 (2023年5月現在)

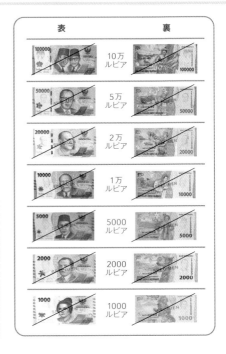

表	裏
10万ルピア	100000
5万ルピア	50000
2万ルピア	20000
1万ルピア	10000
5000ルピア	5000
2000ルピア	2000
1000ルピア	1000

お金の持っていき方

方法	こんな時に便利	ココは注意	バリの場合
現金	どこでも使える。	多額の現金を持ち歩くのは危険。	日本円が使える場所も多いが、換算レートが悪いことが多い。あらかじめ両替を。
クレジットカード	身分証明にもなり、ATMからキャッシングも可能。	伝票にサインするときは、必ず金額の確認を。	高級ホテル以外は、ほとんど3～5%の手数料をとられる。
国際キャッシュカード	自分の口座からATMで必要な金額を現地通貨で引き出せる。	1回の利用ごとに手数料がかかる。	あちこちにATMがあり、24時間利用可能。

両替のコツ

○ 使い残したルピアはどうする?

紙幣なら日本でも一部の銀行で再両替ができるが、なるべく現地で使い切るか、現地の銀行や空港で再両替するのが簡単でおすすめ。

○ レートがよい順

街なか両替所 ＞ 街なか銀行 ＞ 空港両替所 ＞ ホテル ＞ 日本の両替所

※街なかにはたくさんの両替所があるが、なかには高い手数料を取る店も。レートが飛びぬけてよい両替所はトラブルが多いので避けた方が安全。

プチ情報　Rp.10万などの高額紙幣は、タクシーや市場などでの支払いの際にお釣りがないと言われる場合もある。小額紙幣を多めに持っておくと便利。

ATMの使い方

銀行やショッピングセンター、コンビニなどに設置されているATM。カードの裏側にCirrus（シーラス）またはPLUS（プラス）のマークがあれば、国際キャッシュカードやクレジットカードでルピアが引き出せる。手数料がかかることが多い。
※操作方法は機種により異なる

❶ カードを入れる
※読み取るとすぐにカードがでてくる機種もある
❷ 暗証番号（PIN）を入力し、ENTERを押す
❸ WITHDRAWALを選択し、国際キャッシュカードの場合はSAVINGSを、クレジットカードの場合はCREDIT CARDを選択する
❹ 金額を入力し、ENTERを押す
❺ 現金と明細書を受け取る

シーズンチェック

下記のほか、年に数日政令指定休日日あり。
※印は毎年日付が変わる移動祝祭日。○印はバリの祝祭日。

◯ バリ島の主な祝祭日

下記は2023年5月〜2024年4月のもの

1月1日	…元旦
2月8日	…ムハマッド昇天祭※
2月10日	…イムレック（中国暦の新年）※
2月28日	…ガルンガン※◯
3月9日	…クニンガン※◯
3月11日	…サカ新年（ニュピ）※
3月29日	…キリスト受難日（聖金曜日）※
4月11〜12日	…断食明け大祭※
5月1日	…メイデー
5月18日	…キリスト昇天祭※
6月1日	…パンチャシラの日
6月4日	…仏教大祭※
6月29日	…メッカ巡礼最終日※
7月19日	…回教（イスラム）暦新年※
8月2日	…ガルンガン※◯
8月12日	…クニンガン※◯
8月17日	…独立記念日
9月28日	…ムハマッド降誕祭
12月25日	…クリスマス

気候とアドバイス

乾期 4〜9月

晴れる日が多く、湿度が下がり、朝夕は涼しく感じる7〜8月がベストシーズン。4〜5月は、まだ、湿度が高い日もあるが、雨期の時期と比べると雨の日はぐっと少なくなる。しかし、ときどきスコールがあるのでこの時期は傘を持ち歩いた方がいい。

雨期 10〜3月

10〜11月から雨期に入り、3〜4月ごろまで蒸し暑くなる。雨が多く、湿度もかなり高いが、緑が美しく果物がおいしい。2〜3月にかけて、雨の量はまだ多いが、徐々に湿度が低くなり、すごしやすい気候に。突然のスコールがあるので、雨具は必携。

適した服装

1年を通じて日本の夏と同じ半袖でOK。朝晩やウブドなどの高原では気温が下がるため、薄手の上着を用意したい。冷房対策にも有効。雨期は、雨具とタオルは必携。

☀ 平均気温と降水量＆日の出・日の入

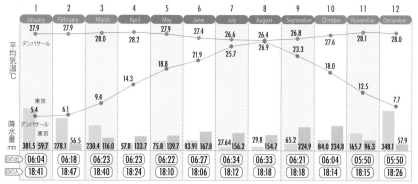

	1	2	3	4	5	6	7	8	9	10	11	12
	January	February	March	April	May	June	July	August	September	October	November	December
平均気温℃ デンパサール	27.9	27.9	28.0	28.2	27.9	27.4	26.6	26.4	26.8	27.6	28.1	28.0
平均気温℃ 東京	5.4	6.1	9.4	14.3	18.8	21.9	25.7	26.9	23.3	18.0	12.5	7.7
降水量mm デンパサール	381.5	278.1	230.4	57.8	75.8	83.91	27.64	29.8	65.2	84.0	165.7	348.1
降水量mm 東京	59.7	56.5	116.0	133.7	139.7	167.8	156.2	154.7	224.9	234.8	96.3	57.9
日の出	06:04	06:18	06:23	06:23	06:22	06:27	06:34	06:33	06:21	06:04	05:50	05:50
日の入	18:41	18:47	18:40	18:24	18:10	18:06	18:12	18:18	18:18	18:14	18:15	18:26

※上記の気候に関する記述は過去の公式データに基づく平均値です。出発前に最新の気象情報をご確認ください。

プチ情報　ニュピの日は外出禁止になり、明かりをつけることも禁じられる。レストランやショップは休みになり、観光客であってもホテルから出られないので注意。

電話のかけ方

- ●自分の携帯からかける場合…機種や契約によってかけ方や料金体系がさまざま。日本出国前に確認しておこう。
- ●ホテルの客室からかける場合…最初に外線番号を押し、その後に相手の番号をダイヤルする(ホテルによって異なる)。手数料を取られることがあるので注意。
- ●公衆電話からかける場合…通常Rp.500などのコインを使用。ホテルやショッピングセンターにはクレジットカードを利用して国際電話をかけられる公衆電話もあるが、携帯電話の普及により公衆電話はほぼなくなった。

バリ島→日本

001/007 (国際電話アクセス番号) **-81** (日本の国番号) **-相手の電話番号** (市外局番の最初の0はとる)

日本→バリ島　マイラインやマイラインプラスに登録している場合は電話会社の識別番号は不要。

電話会社の識別番号(※1)**-010-62** (インドネシアの国番号) **-相手の電話番号** (市外局番の最初の0はとる 一部例外もあり)

※1　マイライン・マイラインプラス(2024年1月終了予定)に未登録の場合。NTTコミュニケーションズ(2023年12月末終了予定)…0033、ソフトバンク…0061

バリ島内通話

バリ島の市外局番(0361)は不要。電話番号をそのまま押せばよい。携帯電話の普及により、一般回線のない店舗なども増えてきている。

インターネット事情

街なかで

無料でWi-Fiが利用できる街なかのカフェやレストランも増えてきているが、つながらない場合も多い。日本でWi-Fiルーターをレンタルするか、SIMカードを準備しておくと安心。

宿泊先で

ほとんどのリゾートホテル内では無料でWi-Fiが利用できるが、レストランやカフェ同様つながらないことも多い。Wi-FiルーターかSIMカードを常備しておきたい。

郵便・小包の送り方

はがき・封書

郵便局または民間のポスタルサービス、ホテルのサービスを利用する。ポスタルサービスは、切手販売、郵便の投函代行、荷物の梱包と発送などを請け負っている。ただし、ポスタルサービスとホテルは手数料が必要。ポストは街角に設置されているが、集荷が不規則なので、郵便局に持っていった方がよい。急ぐ場合は5日以内に届くEMS(エクスプレス・メール・サービス)がある。

小包

郵便小包は航空便、船便などを指定して、30kgまで送れる。日本までは航空便で3〜6日、船便で2カ月ほどかかる。郵便局ではRp.5万〜で梱包も引き受けてくれる。

宅配便

DHL(ディ・エイチ・エル)、FedEx(フェデックス)など、バリ島と日本に支店を持っている会社は自宅まで荷物を配送してくれる。それ以外の場合、荷物は成田空港など主要な空港や港湾までしか届かず、そこから先は日本の通関業者に頼まなければならない。事前によく確認を。

● バリ島から日本へ送る場合の目安

内容	期間	料金
ハガキ	約1週間	Rp.1万〜
封書	約1週間	Rp.2万〜

● 国際宅配便会社

DHL (レギャン)	📞0361-762138 🕐9〜17時(土曜は〜14時) 🚫日曜、祝日
FedEx (デンパサール)	📞0361-750800 🕐8時30分〜17時30分 (土曜は8時30分〜13時30分) 🚫日曜

プチ情報　ホテルのオペレーターを通す場合の通話方法は3種類。番号指定で通話者を指名しないステーションコール、指名した相手が出るまで料金がかからないパーソン・トゥ・パーソンコール、料金先方払いのコレクトコール。

そのほか　基本情報

飲料水

水道水はそのままでは飲めないので、一度煮沸した水アイル・プティAir Putihを頼むか、ミネラルウォーターを飲もう。代表的な銘柄はアクアで、ミネラルウォーターの代名詞ともなっている。

電圧とプラグ

電圧は220V/50ヘルツ、プラグタイプはCが一般的。日本の100V用電化製品を使う場合は変圧器と変換アダプターが必要。スマートフォンやデジタルカメラなど最近の製品は海外の電圧にも対応しているものもあるが、予め確認を。

トイレ

ホテルや大型ショッピングセンター、観光客の多いレストランなどは水洗式だが、安いホテルや寺院、観光地の有料トイレは、トイレットペーパーのないバリ式が多い。用を足した後は、隅に置かれた水槽の水をすくって洗い流す。ペーパーを使った場合は、流さず専用のゴミ箱へ。

ビジネスアワー

銀行	時8〜15時　休土・日曜、祝祭日
ショップ	時9〜20時（店によって異なる）※ウブド地区は18時頃まで
デパート	時10〜22時（店によって異なる）

サイズ・度量衡

● レディスファッション

衣料

日本	7	9	11	13	15
インドネシア	8	10	12	14	16

靴

日本	22	22.5	23	23.5	24	24.5
インドネシア	4 1/2	5	5 1/2	6	6 1/2	7

● メンズファッション

衣料（シャツ）

日本	36	37	38	39	40	41	42
インドネシア	14	14 1/2	15	15 1/2	16	16 1/2	17

靴

日本	24	24.5	25	25.5	26	26.5	27
インドネシア	6 1/2	7	7 1/2	8	8 1/2	9	9 1/2

※上記のサイズ比較表はあくまで目安。メーカーなどにより差があるので注意

バリ島の物価

ミネラルウォーター
（500ml）
Rp.4000〜

マクドナルドの
ハンバーガー
Rp.2万〜

コーヒー
Rp.2万5000〜

ビール
（ビンタンビール）
Rp.3万〜

タクシー
（初乗り）
Rp.7000〜

シチュエーション別基本情報

観光

寺院の見学

タンクトップやショートパンツなど、肌を露出した服装は厳禁。寺院の入口でサロン(腰巻)を貸してくれるところも多いが、できるだけ自分で用意していきたい。

左手と頭

左手は不浄とされているので、左手で握手をしたり、物を渡したりしないこと。また、人の頭には霊が宿ると信じられているため、子どもであろうと他人の頭に触らないようにしよう。

ニュピ(外出禁止の日)

サカ暦の新年であるニュピ(→P135)には、朝6時～翌朝6時まで、いっさいの外出、火や電気の使用などが禁止になる。役所や店舗もすべて休業で、旅行者もホテルの外へ出ることはできない。

タバコ事情

ショッピング・モールなどでは禁煙のところが多いが、全体的にそれほど厳しい規制はない。レストランでは喫煙席と禁煙席に分かれているところもある。

マナー

静粛な儀式の最中に大声でしゃべる、どこでもかまわずフラッシュをたいて写真を撮る、美術館の展示品などを勝手に触って回るなど、その場にふさわしくない非常識な行動は厳に慎もう。

観光案内所

インドネシア観光案内所(クタ)

📞0361-766181　別冊MAP●P6B3

情報センターAPA?(ウブド)

📞081-2395-7134
🕐10～18時　🈲日曜　別冊MAP●P18B3

グルメ

店の種類

インドネシア&バリ料理はもちろん、イタリアン、フレンチ、和食などの各国料理が揃う。ホテル内の高級レストランから庶民派の食堂など、タイプもさまざま。

●レストラン
高級店にはたいてい英語メニューがあり、場所によっては日本語メニューも用意されている。ホテル内、街なかともにさまざまなジャンルの店が揃うが、なんといってもインドネシア&バリ料理のレストランが多い。なお、高級店ほど衛生面での心配が少ないといえる。

●カフェ
サンドイッチやケーキなどを出す、おしゃれなカフェが増えている。早朝から夜遅くまでオープンしているところも多い。無料Wi-Fiでインターネットができる店もあり、観光途中に立ち寄るのにぴったり。

●ワルン
基本的には地元の人向けの食堂のこと。家庭的なインドネシア&バリ料理を安い値段で提供している。最近は外国人旅行者向けのワルンも多く、気軽に利用できる。好みのおかずを自分で選ぶスタイルの店も多い。

●屋台
サテやバッソなど手軽に食べられる地元の定番料理(→別冊P24～)や、ジュース、かき氷などを売る屋台がある。地元の人が利用するだけあって値段は非常に安いが、生ものは避けたほうが無難だろう。

営業時間

朝7時ごろからオープンするレストランもあるが、だいたい10・11時～22・23時で、通して営業するのが一般的。また、夜のみ営業の店もある。

予約

高級レストランなどでは予約が必要なところが多い。特に、夕暮れ時に人気が高い眺めのいい席をとりたいときは、予約をしておいたほうが確実。

支払い

「チェック・プリーズ」と店の人に声をかけて会計する。観光客向けのレストランでは、基本的に税金10%とサービス料11%が加算される(店により異なる場合あり)。

チップ

代金にサービス料が加算されている場合は、支払う必要はない。ただし非常によくサービスしてくれた場合などは、合計金額の1割程度を目安に渡してもよい。お釣りの小銭をテーブルに置いてもOK。

 ウブドの観光案内所では、伝統舞踊(→ P98、別冊 P23)の上演時間や演目などの情報も手に入る。

ショッピング

営業時間

雑貨やファッションの店は、朝のオープンはだいたい9・10時が多く、スーパーはそれより早いところが多い。閉店は、ショッピングセンターやスーパーは22時ごろが一般的。小売店は20・21時が多いが、ウブドの店は早く、17・18時ごろに閉店するところもある。

値段交渉

最近は定価がついている店も増えたが、みやげ物店や市場などでは交渉で値段を決める場合が多い。日本人には高い値段をふっかけてくることも多いので、何軒か回ってみたり、できれば地元の人に聞くなどしてあらかじめ相場を知っておくのが安心。うまく交渉すれば言い値の半額ぐらいになることもあるが、交渉は駆け引きを楽しんでいるうちに終えるのが鉄則。強引に値切りすぎるのは避け、スマートな交渉をしよう。

免税品

TギャラリアbyDFS(→P71)などで購入した免税品は、帰国時に空港の出発ロビーで受け取る。その際、購入時に渡される引換券が必要になるので大切に保管しておこう。また、帰国便のフライト時刻が迫っているときは、免税品を買えない場合があるので、時間には余裕を持って行動しよう。

VAT払戻し

VATとはValue Added Taxの略称で、物やサービスの購入時に課される付加価値税のこと。インドネシアでは「VAT Refund for Tourists」という、外国人旅行者に対して付加価値税を還付する制度があり、申請者は出国時にVATの払戻しが受けられる。

<条件>
・インドネシア以外に居住する旅行者で60日未満の滞在者
・インドネシア出国前の1カ月以内の購入品に限る
・「VAT Refund for Tourists」加盟店での買物
・1回の支払いにおけるVAT額はRp.5万〜
・帰国時の還付請求はRp.50万〜
・食品、危険物、機内持ち込みできないものは除く

<手順>
①「TAX Refund for Tourists」のロゴがある店で、VAT額 Rp.5万以上の買物(商品金額約Rp.50万以上)をした際、免税書類を作成してもらう。パスポートが必要。
②還付請求はRp.50万〜。別の店舗や別の日にちに発行された免税書類を合算することもできるので、大切に保管しておこう。
③帰国時に空港のVAT Refund counterで免税書類、レシート、未使用の購入品、パスポート、航空券または搭乗券を提示し、払戻しを受ける。
④払戻し金額がRp.500万以下の場合は現金(Rp.)で支払われる。Rp.500万以上は指定の銀行口座に振り込まれる。

ホテル

ホテルの種類

1泊US$1000以上する高級ヴィラからリーズナブルな宿まで、バリ島の宿泊施設は実に多彩。一般旅行者向けの価格帯は、だいたい1泊US$150〜300が中心。高級リゾートホテルは、客室数が比較的少なく、すべてヴィラだけのところもある。ゴージャスなレストランやスパはもちろん、プライベートプールを備えたところも多い。サービスもきめ細やかで、日本語スタッフが常駐しているところもある。ヌサドゥア地区などにある大規模な高級リゾートホテルは設備・サービスともに充実しており、ファミリーでの滞在にもおすすめ。ひと通りの設備が整った中級ホテルは便利な街なかに多い。ウブドには、温かいシャワーとエアコンが付いたコテージも多く、1泊Rp.50万前後と安い。またロスメンとよばれる民宿もある。こちらは1泊Rp.15万前後と非常にリーズナブルだが、水シャワーでバリ式トイレ、エアコンは付いてないので、旅慣れない人にはおすすめできない。

チェックイン／チェックアウト

チェックインは14〜15時、チェックアウトは12時が一般的。帰国便が夜の場合にはレイトチェックアウト(有料。通常18時まで)を申し込むとよい。

チップ

荷物を運んでくれたボーイや、ルームサービスを頼んだときなどは、それぞれRp.2万〜を目安に渡すとよい。

虫除け対策

高級ホテルでも蚊やヤモリなどが部屋に入ってくることがある。蚊取線香、虫除けスプレー、虫刺されの薬などは忘れずに持参しよう。ただしヤモリは蚊を食べてくれるので、見つけてもそっとしておいてあげよう。

トラブル対処法

病気になったら

病気がひどくなったら、ためらわずに病院へ。救急車を呼ぶ場合は、各大型病院へ連絡を。ホテルではフロントに相談すれば医者を紹介してくれる。保険に加入している場合は、現地の日本語救急デスクへ連絡すると提携病院を紹介してくれる。

 盗難・紛失の場合

バリ島の治安は比較的よいが、スリ、置き引き、ひったくり、両替のごまかしなどには充分気を付けよう。

○ **パスポート** ❶警察で盗難(紛失) → ❷総領事館で旅券の → ❸新規旅券申請をする、
　　　　　　　証明書を発行　　　失効手続きをする　　または「帰国のための渡航書」を申請する

※申請手続きには写真45mm×35mmが必要。いざというときのために事前に用意しておくと、現地で撮影する手間が省ける。

○ **クレジットカード** ❶カード会社(紛失・盗難受付デスク)へ連絡 → ❷警察に連絡 → ❸再発行

※カードの裏表をコピーしておくなど、カード会社の連絡先、カード番号、有効期限は控えておこう。

○ **荷物** ❶警察に届ける → ❷帰国後、保険の請求を行う

※海外旅行傷害保険に加入していて携帯品特約を付けていれば、帰国後補償が受けられる場合も。
現地の警察の盗難(紛失)証明書を必ず入手しておこう。

便利電話帳

インドネシア

○ **在デンパサール日本国総領事館**
🏠Jl. Raya Puputan, No.170, Renon, Denpasar
📞0361-227628　別冊MAP／P5C1

○ **緊急連絡先**
○警察　📞0361-224111(ツーリストポリス)
○救急車　📞0361-251177
○消防車　📞113

○ **病院・クリニック**
○BIMCホスピタル・クタ(日本語可)　📞0361-761263
○カシイプ病院・デンパサール(日本語可)　📞0361-3003030
○スルヤ・フサダ(日本語可)　📞081-23896617

○ **航空会社**
○ガルーダ・インドネシア航空(デンパサール)
　📞0361-222788

○ **クレジットカード会社緊急連絡先(紛失・盗難)**
○JCB紛失・盗難受付デスク
　📞001-803-81-0039(24時間)
○Visaグローバル・カスタマー・アシスタンス・サービス
　📞001-803-441-230(24時間)
○アメリカン・エキスプレス グローバル・ホットライン
　📞65-6535-2209(コレクトコール可／24時間)

日本国内

○ **在日大使館・領事館**
○在本邦インドネシア共和国大使館
　🏠〒160-0004　東京都新宿区四谷4-4-1
　📞03-3441-4201
○在大阪インドネシア共和国総領事館
　🏠〒530-0005　大阪府大阪市北区中之島6-2-40
　中之島インテスビル22F　📞06-6449-9898

○ **航空会社**
○ガルーダ・インドネシア航空
　(予約・発券課)　📞03-5521-1111

○ **外務省／税関／検疫ほか**
○外務省領事サービスセンター(海外安全相談班)
　📞03-3580-3311
○東京税関 成田税関支署 税関相談官
　📞0476-34-2128
○東京検疫所 食品監視課
　📞03-3599-1520

 プチ情報　外務省海外安全ホームページで、渡航先の治安状況、日本人被害の事例を確認することができる。
🖥www.anzen.mofa.go.jp/

index

index

容姿端麗の駅舎

地域の玄関になる駅は美しくあってほしい、
そんな願いが形になった10駅を見てみよう。

秘境駅へようこそ

人影薄い荒野のホーム、行くだけでも困難な駅で
しっとり侘び寂びを体感したい。

釧網本線
♠ 川湯温泉（かわゆおんせん）
道東を代表する美形駅。銘木を使ったログハウス駅舎にレストランも入居、足湯もあるよ。

養老鉄道養老線
♠ 養老（ようろう）
瓦屋根にツノ付き窓を乗せたスタイルが只者ではない印象の木造駅舎、周囲は桜の名所。

宗谷本線
♠ 日進（にっしん）
名寄盆地の北部にある畑の中、昭和31年に地元から寄付された駅舎は屋内まで砂利敷きだ。

大井川鉄道井川線
♠ 奥大井湖上（おくおおいこじょう）
ダム湖に突き出た半島を経由する、大鉄橋の間にある駅。ほとんど展望台のよう。

東北本線
♠ 白河（しらかわ）
端正な三角ファサードの木造駅舎は大正生まれ、洋館スタイルの停車場はこうでなくちゃ。

叡山電鉄鞍馬線
♠ 鞍馬（くらま）
数寄屋風入母屋造りの品のある終着駅、関西の和風駅舎の代表格、駅前に天狗の像も。

室蘭本線
♠ 小幌（こぼろ）
陸路到達不可能で有名な駅、廃止予定だったが、地元自治体の予算で存続。行くなら今。

飯田線
♠ 田本（たもと）
そびえ立つコンクリートの絶壁に貼り付けたホーム、周囲は大渓谷でクマが出そう。

日光線
♠ 日光（にっこう）
大正天皇の御用邸とともにあった瀟洒な洋館駅舎、中に貴賓室も現存。近年設計者が判明。

木次線
♠ 出雲横田（いずもよこた）
神社スタイル入母屋駅舎の最高傑作が出雲の山中に、出雲型の大しめ縄も見事。一見の価値あり。

五能線
♠ 轟木（とどろき）
ここで降りたら、途方にくれること間違いなしの無人駅。日本海の絶景だけは存分に楽しめる。

飯田線
♠ 小和田（こわだ）
佐久間ダムによって消えた集落の駅。ここも山道以外に陸路はなくムードに溢れている。

弥彦線
♠ 弥彦（やひこ）
大正5年、越後鉄道が年収入の3倍もかけた寺社風駅舎は、100年後も抜群のインスタ映え。

岩徳線
♠ 西岩国（にしいわくに）
旧市街の洋館駅舎は錦帯橋のアーチも巧みにデザイン。モダンな看板建築はいまでも秀逸。

奥羽本線
♠ 峠（とうげ）
板谷峠のスイッチバック跡にある駅で普通列車が停車、全体が屋根に覆われる。

伯備線
♠ 布原（ぬのはら）
往年のSL撮影ポイントも、今は信号場上がりの無人ホーム、通過列車は多い。

青梅線
♠ 奥多摩（おくたま）
昭和19年開通時からの山小屋風駅舎が近年改修されて2Fにカフェを開店。今は登山の起点に。

高松琴平電鉄琴平線
♠ 滝宮（たきのみや）
高松郊外にある開業時の姿を残す私鉄らしい小柄な洋館駅舎。近隣は讃岐うどん発祥地だ。

大井川鉄道井川線
♠ 尾盛（おもり）
井川線の山中に現れる駅、ダム建設のための駅で現在は陸路で到達は難しい。

日豊本線
♠ 宗太郎（そうたろう）
大分・宮崎の県境にある山間の駅、峠越えの難所で構内に泉が湧く。停車列車もきわめて少ない。

Theme ❹ スイッチバック愛 ♡

山あり谷あり都合あり、いろんな理由で列車は前後する。
その大変さが興味深い。

Theme ❺ 珍構造の特殊事情

この駅、なんか違う。そんな気持ちになる駅をご紹介、
素敵な違和感を楽しもう。

石北本線
♠遠軽（えんがる）
昔は名寄本線とのY字形駅だった、名寄本線の廃止後は現在のV字形に。木造駅舎も残る。

富山地方鉄道本線
♠上市（かみいち）
鉄筋駅舎に頭を突っ込む平地形スイッチバック駅。歴史的に複雑な事情でこうなった。

千歳線
♠平和（へいわ）
広大な操車場を横断する300mもの跨線橋に接続、冬はアスリートの運動場になるという。

京阪電鉄京津線
♠大谷（おおたに）
40％の勾配にある、このためベンチの足の長さが左右で異なる、近隣はうなぎ料理の名所。

東武鉄道野田線（東武アーバンパークライン）
♠柏（かしわ）
二つの私鉄が柏駅の東西にあったものをスイッチバックで接続、後に東武が両方とも吸収。

一畑電車北松江線
♠一畑口（いちばたぐち）
ここもY字分岐駅が一部廃線によってV字型になった。田んぼの中によき風景を見せる。

東武鉄道佐野線
♠吉水（よしみず）
ホームに到達するためには折れて曲がった跨線橋を、ずんずん行かねばならない。

阪神電鉄本線・武庫川線
♠武庫川（むこがわ）
尼崎市と西宮市を隔てる武庫川上にホームがある、自由通路も併設、後ろを自転車が通る。

箱根登山鉄道
♠大平台（おおひらだい）
箱根外輪山の勾配にある駅。まさに登山鉄道らしい激坂が前後に展開するアジサイの名所だ。

木次線
♠出雲坂根（いずもさかね）
中国山地に挑む三段スイッチバックの駅、構内に名水も湧く。クルマでの来訪者も多い。

上越線
♠土合（どあい）
下り線ホームから改札までは、罰ゲームのような462段の大階段を登る。駅舎も超個性的。

山陽電鉄本線
♠須磨浦公園（すまうらこうえん）
鉄道駅舎からロープウェイが発進する珍風景、山上の回転展望台は大阪湾の展望地。

富士急行
♠富士山（ふじさん）
山中湖に向いていた路線が、逆方向の河口湖行きに変更となりここでスイッチバックに。

土讃線
♠坪尻（つぼじり）
秘境駅としても有名な四国山地のスイッチバック。山中の無人駅舎だがスタンプもある。

北越急行ほくほく線
♠美佐島（みさしま）
高速列車の通過時には風圧対策でホームへの密閉扉が閉まる無人地下駅、すべて遠隔操作。

土讃線
♠土佐北川（とさきたがわ）
渓谷のトラス橋のなかにホームがある。ここしか駅が置けないほどの難所、その分風景はよい。

えちごトキめき鉄道（妙高はねうまライン）
♠二本木（にほんぎ）
信州から越後にかけての勾配にあり、ホームから電車の動きがよくわかる。木造駅舎あり。

豊肥本線
♠立野（たての）
阿蘇外輪山を越える九州屈指のスイッチバック駅、2023年には接続する南阿蘇鉄道も復活。

静岡鉄道
♠入江岡（いりえおか）
小型の駅舎が陸橋に接続する「橋下」駅。付近は『ちびまる子ちゃん』の舞台の地だ。

西日本鉄道甘木線
♠学校前（がっこうまえ）
西鉄支線の幅狭ホームは、「上り線の内側」がこれだけ…。コンパクトな駅舎もいい感じ。